Tatjana Mihajilov-Krstev

50 EXPERIMENTOS
CON MICROORGANISMOS

¡DESCUBRE EL PODER DE LOS MICRO-ORGANISMOS!

Ilustrado por
Nemanja Ristić
Marica Kicušić
Mladen Anđelković

PANAMERICANA
EDITORIAL
Colombia • México • Perú

Mihajilov-Krstev, Tatjana
    50 experimentos con microorganismos / Tatjana Mihajilov-Krstev ;
ilustraciones Nemanja Ristić y otros ; traducción Gina Marcela Orozco
Velásquez. -- Edición Margarita Montenegro Villalba. -- Bogotá :
Panamericana Editorial, 2018.
    96 páginas : dibujos ; 24 cm. -- (Proyectos Fascinantes)
    Título original : 50 eksperimenata iz mikro sveta.
    ISBN 978-958-30-5659-8
    1. Experimentación científica 2. Ciencia recreativa
3. Microorganismos 4. Científicos I. Ristić, Nemanja, ilustrador
II. Orozco Velásquez, Gina Marcela, traductora III. Tít. IV. Serie.
372.35 cd 21 ed.
A1583597

        CEP-Banco de la República-Biblioteca Luis Ángel Arango

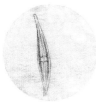

Primera edición en Panamericana Editorial Ltda., enero de 2018
Título original: *50 eksperimenata iz mikro sveta*
© 2013 Kreativni centar
© 2017 Panamericana Editorial Ltda.
Calle 12 No. 34-30. Tel.: (57 1) 3649000
Fax: (57 1) 2373805
www.panamericanaeditorial.com
Tienda virtual: www.panamericana.com.co
Bogotá D. C., Colombia

Editor
Panamericana Editorial Ltda.
Edición
Margarita Montenegro Villalba
Textos
Tatjana Mihajilov-Krstev
Ilustraciones
Srđan Stamenković
Nemanja Ristić
Marica Kicušić
Mladen Anđelković
Traducción del inglés
Gina Marcela Orozco Velásquez
Diagramación
Martha Cadena

ISBN 978-958-30-5659-8

Impreso por Panamericana Formas e Impresos S. A.
Calle 65 No. 95-28. Tels.: (57 1) 4302110 - 4300355. Fax: (57 1) 2763008
Bogotá D. C., Colombia
Quien solo actúa como impresor.

Impreso en Colombia - *Printed in Colombia*

En la naturaleza existe un mundo maravilloso de organismos diminutos e invisibles. Viven en sus reinos, donde hay gobernantes y gobernados; todos trabajan, descansan, viajan y libran guerras en las que unos mueren y otros sobreviven.

Los científicos han realizado muchos experimentos y han descubierto que estos organismos son muy poderosos e importantes para el planeta. Descúbrelos tal como lo hacen los científicos. ¡Verás que investigar es interesante y emocionante!

Si te preguntas dónde encontrarlos y qué hacer con ellos, las respuestas están en este libro. En él se describen varios experimentos con organismos del mundo invisible, así como los métodos para manipularlos.

¡Investiguemos juntos!

Instrucciones
para hacer los experimentos

Antes de empezar...

1. Planea en detalle todo lo que vas a hacer durante el experimento.

2. Reúne todo lo necesario para el experimento.

3. Determina si necesitas o no ayuda para realizar el experimento.

4. Busca un lugar adecuado para llevar a cabo el experimento.

5. Asegúrate de tener suficiente tiempo para trabajar.

6. ¡No permitas que nadie te distraiga mientras trabajas!

Al realizar experimentos con organismos diminutos e invisibles, debes cuidar tu higiene. Hay dos razones para hacerlo:

1. No querrás que ninguno de esos organismos se multiplique en tu interior o sobre tu cuerpo.

2. No querrás que los pequeños organismos que viven dentro o sobre ti ataquen a los organismos que estás investigando.

Para cuidar tu higiene, lávate las manos antes y después de trabajar y, si es necesario, usa guantes quirúrgicos y una máscara protectora. También debes lavar y limpiar con alcohol los materiales que utilices.

Para mayor seguridad, no toques los organismos que estás estudiando con las manos desnudas. Después de ver los resultados, envuelve los recipientes en bolsas de plástico y deséchalos en un contenedor de basura. Al terminar, lávate bien las manos con agua y jabón.

Mientras trabajas...

1. Ten paciencia si descubres que el experimento tarda más de lo que esperabas.

2. Debes utilizar los elementos que puedan lastimarte en presencia de un adulto. Por ejemplo, cuchillas de afeitar, escalpelos, tijeras y similares.

3. Asegúrate de no dañar nada mientras llevas a cabo el experimento.

4. Recuerda tomar nota de tus observaciones en una libreta.

5. Toma fotografías de las etapas del experimento si consideras que pueden ser de utilidad más adelante.

6. Después del experimento, asegúrate de limpiar bien el lugar en el que trabajaste.

Es muy importante planear cada experimento. Sin embargo, aun con un buen plan, puede haber fallas. Es normal que pase; los investigadores también cometen errores. Si te sucede, reflexiona un momento y repite el experimento. Seguramente todo saldrá bien en el siguiente intento.

En todo nuestro alrededor hay seres invisibles. Son tan pequeños que es imposible verlos a simple vista o incluso con una lupa. Aun así sabemos que existen, aunque no podamos verlos. Percibimos su presencia de diversas formas. A esos seres diminutos los llamamos microorganismos (*micro* se usa para referirse a algo muy pequeño).

Si compararas un microorganismo con un grano de arena, te darías cuenta de que el grano es mucho más grande que el microorganismo.

Sin embargo, a pesar de su pequeñez, la influencia de los microorganismos puede ser enorme.

Basta con pensar que:

- el yogur se hace con microorganismos;

- algunos microorganismos descomponen el jamón y el queso;

- un microorganismo causa la varicela;

- ciertos microorganismos descomponen lo que sobra de las manzanas.

Esa es precisamente la razón por la que es importante estudiar los microorganismos y la forma en la que deben ser manipulados. Para esto, debemos convertirnos en detectives: investigadores del micromundo.

Un detective de microorganismos tiene varias funciones:

- buscar microorganismos;

- aprender cómo están constituidos;

- averiguar si todos los seres pequeños son iguales o si hay diferencias entre ellos;

- determinar si realmente están vivos, es decir, si nacen, crecen y se multiplican;

- estudiar el efecto que tienen en otros organismos;

- examinar el efecto que tienen en el entorno en el que viven.

El trabajo de detective es arduo: hay que investigar, pensar, observar... ¡Por eso debes comer algo antes de comenzar!

UN BOCADILLO PARA DETECTIVES

Hornea una pizza e invita a comer a todas las personas que más adelante podrían participar en tu exploración del micromundo. ¡Sigue cuidadosamente la receta!

1. Receta de pizza

Necesitas:

- masa prehorneada para pizza, queso crema, crema agria, un huevo, perejil, aceitunas verdes, salchicha, jamón, queso, cebolla, salsa de tomate, granos de pimienta, orégano.

1. Mezcla la clara de huevo batida con crema agria y un poco de perejil. Extiende la mezcla sobre la masa.

10. Esparce queso crema sobre el borde de la masa y espolvorea bastante orégano encima.

9. Añade unos cuantos granos de pimienta.

10. Hornea la pizza en el horno.

8. Añade rebanadas de jamón.

3. Distribuye varias aceitunas sobre la masa.

4. Corta la salchicha en rebanadas diagonales y ponlas sobre la pizza.

5. Agrupa unas cuantas tiras de cebolla.

2. Haz un agujero pequeño y pon allí la yema de huevo.

6. Dibuja trazos curvilíneos con la salsa de tomate.

7. Pon trozos ovalados de queso en varios lugares.

11

EL DESCUBRIMIENTO TRASCENDENTAL DEL SIGLO XVII

Tu deseo de ver microorganismos sería inútil si Leeuwenhoek no hubiera construido el microscopio. Esta herramienta aumenta varias veces el tamaño real de la imagen que se observa, gracias a unos lentes de cristal a través de los cuales se refracta la luz.

Esto es lo que hay en el cuerpo de un microscopio: en el extremo del tubo por el que entra la luz hay un objetivo y dentro de él hay dos o más lentes. Al otro extremo está el ocular. Hay muchos más lentes en su interior. El observador debe poner su ojo por encima del ocular y mirar a través de la abertura.

Identifica las demás partes del microscopio y las otras cosas que son necesarias para usarlo.

La fuente de luz puede ser una bombilla pequeña o un espejo que refleja la luz natural.

Al utilizar un microscopio de luz, solamente pueden observarse objetos delgados que dejen pasar luz a través de ellos. Si el objeto es grande, hay que cortar un trozo delgado del mismo. Sin embargo, los microorganismos son tan pequeños que pueden ser vistos en su totalidad.

Ocular

Tornillo macrométrico

Objetivo

Platina

Espejo

2. Cómo preparar muestras para microscopio

Para observar microorganismos es necesario preparar una muestra para microscopio.
Reúne el material necesario y sigue las instrucciones.

Necesitas:
- una lámina de vidrio rectangular *sobre la cual se pone la* muestra (portaobjetos), una lámina de vidrio cuadrada y delgada que sirve para cubrir la muestra (cubreobjetos) y un gotero (pipeta).

Nota:
Puedes comprar todo lo necesario para preparar tus muestras en una tienda de suministros para laboratorio.

INSTRUCCIONES

1. Extrae agua de un charco con ayuda del gotero.

2. Deja caer una gota del gotero en el centro del portaobjetos.

3. Pon el cubreobjetos sobre la gota. Cerciórate de que no queden burbujas de aire bajo el cubreobjetos.

4. Retira el exceso de agua con un pañuelo desechable.

Al preparar las muestras de este modo, los científicos pueden estudiar todo lo que puede verse únicamente bajo el microscopio.

Se pueden observar células bajo el microscopio. Son muy parecidas a la pizza que preparaste. Observa el gráfico para entender la función de cada parte.

La membrana separa la célula de lo que la rodea.

Las células vegetales tienen una pared celular rígida.

El interior de la célula está lleno de un fluido llamado citoplasma.

En el núcleo se encuentran los genes que determinan la función de cada parte de la célula.

En los ribosomas se forman las proteínas.

La vacuola es el orgánulo que almacena agua.

El lisosoma es el orgánulo que digiere el alimento y excreta los desechos.

El alimento lo producen los cloroplastos.

El retículo endoplásmico es el orgánulo que sintetiza y transporta las sustancias.

La mitocondria es el orgánulo donde ocurre la respiración.

El aparato de Golgi es el orgánulo donde se envuelven y movilizan las secreciones celulares.

Observa distintas células bajo el microscopio y determina si tienen la misma estructura. Usa primero los objetivos de menor aumento y después los que tienen más aumento, los cuales te permitirán ver la imagen en más detalle.

3. Primera pista: Bacterias

Las bacterias no tienen núcleo. Su pared celular está en la parte externa y la membrana se encuentra bajo ella. Su interior está lleno de un fluido celular (citoplasma) en el que flotan todo el material genético y los orgánulos necesarios para la producción de proteínas.

Necesitas:

● un microscopio, un portaobjetos y un cubreobjetos, un hisopo (copito de algodón), agua, un gotero, tinte azul.

INSTRUCCIONES

1. Pon una gota de agua en el hisopo y luego deslízalo sobre la pantalla de un teléfono celular.

2. Frota el hisopo sobre el portaobjetos.

3. Cúbrelo con el cubreobjetos.

4. Aplica una gota de tinte azul cerca del borde del cubreobjetos. Espera unos minutos hasta que el tinte entre al espacio que hay bajo el cubreobjetos y luego retira con cuidado el exceso de tinte con un pañuelo desechable.

5. Observa la muestra bajo el microscopio.

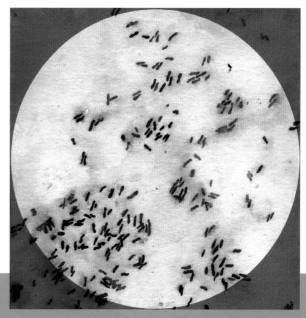

¿Qué sucedió?

Las bacterias de la muestra están teñidas de azul. Hay muchas bacterias en los teléfonos celulares. Sus células son muy pequeñas e incoloras, por eso hay que teñirlas para verlas.

4. Segunda pista: Células vegetales

Las células vegetales tienen pared celular, membrana celular, todos los orgánulos y un núcleo que almacena el material genético.

Necesitas:
- un microscopio, un portaobjetos y un cubreobjetos, una planta acuática (se puede comprar en las tiendas de mascotas donde venden peces), un gotero, agua, pinzas.

INSTRUCCIONES

1. Pon una gota de agua sobre el portaobjetos con ayuda del gotero.

2. Usa las pinzas para poner un trozo pequeño de una hoja de la planta en la gota de agua.

3. Cubre el trozo de la hoja con el cubreobjetos y obsérvalo bajo el microscopio.

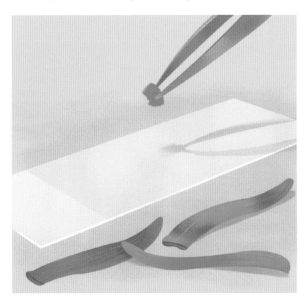

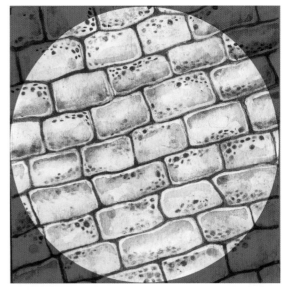

¿qué sucedió? En la muestra hay células vegetales grandes con una pared celular a su alrededor. En el interior de las células hay un núcleo redondo y cloroplastos ovalados de color verde. Los cloroplastos se mueven constantemente porque el citoplasma también se mueve (circula).

5. Tercera pista: Células animales

La superficie de las células animales solo consta de la membrana celular. En ellas no hay vacuolas grandes ni cloroplastos en el citoplasma. Puedes comprobarlo muy fácilmente.

Necesitas:

- un microscopio, un portaobjetos y un cubreobjetos, una cuchara, un mondadientes, un gotero, agua, solución de yodo.

INSTRUCCIONES

1. Pon una gota de agua sobre el portaobjetos con ayuda del gotero.

2. Frota el mango de la cuchara sobre la membrana mucosa del interior de tu mejilla.

3. Frota el mango de la misma cuchara sobre la gota de agua que hay sobre el portaobjetos.

4. Añade una gota de solución de yodo y mezcla cuidadosamente con el mondadientes.

5. Pon el cubreobjetos sobre la gota y observa la muestra con el aumento máximo.

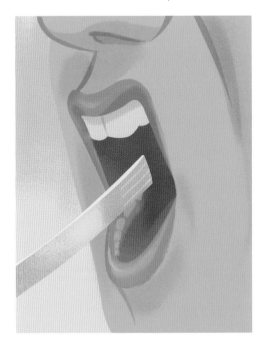

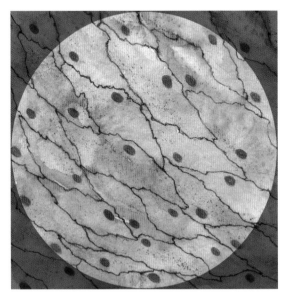

¿qué notaste?

En la muestra hay células de color rosa, lo que se debe a que el yodo que agregaste tiñó las células incoloras.

UN TÉ QUE GENERA PREGUNTAS

Al introducir una bolsa de té en una taza de agua hirviente, el color del agua comienza a cambiar. Cualquier movimiento de la bolsa de té hará que el color se haga más intenso.

Cuando se retira la bolsa de té de la taza, se hace evidente que el agua penetró en ella. Esto significa que la bolsa de té permitió que hubiera un intercambio de materia entre lo que había en su interior y lo que se encontraba a su alrededor.

Mientras el té está listo, podríamos preguntarnos: ¿sucede lo mismo con una célula y su membrana?

6. La puerta invisible

A través de la membrana, las células intercambian diversas sustancias con el medio exterior. Con la ayuda de este modelo comprenderás cómo sucede.

INSTRUCCIONES

1. Vierte la solución de yodo en la bolsa y luego ciérrala con un nudo.

2. Sumerge la bolsa en el vaso con la solución de almidón (como se muestra en la imagen) y observa los cambios que ocurren.

¿qué sucedió?

El agua del vaso se volvió azul, pero el yodo que había dentro de la bolsa no cambió de color.

¿por qué?

Las bolsas para congelar permiten que pasen moléculas pequeñas a través de ellas, pero impiden el paso de moléculas grandes. Las moléculas de almidón son demasiado grandes como para atravesar la bolsa, pero el yodo está compuesto de moléculas pequeñas. Estas pasan a través de la bolsa, llegan al vaso con el almidón disuelto y lo tiñen de color azul.

7. ¡Agua, por favor!

Las células vegetales, animales y bacterianas solo pueden sobrevivir si intercambian sustancias con el ambiente que las rodea. Analiza la permeabilidad de la membrana celular.

Necesitas:

- un microscopio, dos portaobjetos y dos cubreobjetos, agua, un gotero, una cebolla, azúcar.

Nota:

Se puede utilizar cualquier tipo de cebolla para este experimento, pero la más adecuada es la cebolla roja, cuyas células son claramente visibles bajo el microscopio.

INSTRUCCIONES

1. Pela la cebolla y separa un trozo de epidermis (parece plástico para envolver alimentos).

2. Pon un trozo de epidermis en cada portaobjetos, teniendo cuidado de que ninguno se doble.

3. Pon un cubreobjetos sobre la primera muestra y, con ayuda del gotero, pon una gota de agua junto al cubreobjetos.

4. Espera unos minutos y observa la muestra bajo el microscopio.

5. Disuelve una cucharadita de azúcar en un poco de agua.

6. Pon un cubreobjetos sobre la segunda muestra y usa el gotero para poner una gota de la solución de agua con azúcar junto al cubreobjetos.

7. Espera unos minutos y observa la muestra bajo el microscopio.

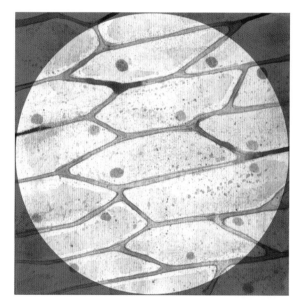

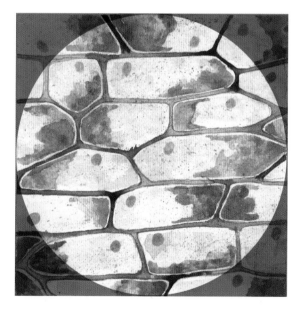

¿qué sucedió?

Las células de la cebolla de la primera muestra se expandieron. Las células de la segunda muestra se encogieron y se arrugaron.

¿por qué?

En el primer caso, el agua penetró la membrana y entró a las células, lo que hizo que se expandieran. En el segundo caso, las moléculas de azúcar no lograron atravesar la membrana, y al mismo tiempo salió agua de las células; por eso se encogieron. Esto demuestra que la membrana celular es semipermeable.

UN PARECIDO QUE CONFUNDE

Gomitas, almendras recubiertas de azúcar, galletas con relleno de vainilla, trufas de chocolate y nueces, cerezas confitadas...

¡Cuidado! Muchas de estas imágenes no son de caramelos, sino de algo completamente diferente. Busca las especies de bacterias que hay ocultas entre los dulces.

Las bacterias son las de los marcos azules. Son organismos diminutos con una estructura muy simple. Habitan en el aire, el agua y el suelo; se pueden encontrar dentro de otros seres vivos, sobre superficies con hielo y nieve, y en fuentes termales. También viven en ambientes altamente contaminados donde no hay oxígeno y en lugares donde ningún otro organismo podría sobrevivir. Las bacterias pueden ser redondas o alargadas. El material de su núcleo no está separado del citoplasma mediante una membrana. Las bacterias redondas tienden a formar grupos y por eso se ven como un collar de perlas o un racimo de uvas. Algunas bacterias causan enfermedades peligrosas. Otras son muy útiles e incluso pueden protegernos de algunos de sus parientes peligrosos.

En los marcos verdes hay cianobacterias. En su mayoría viven en lagos y ríos de corrientes lentas. Sus células contienen pigmentos, sustancias que dan color, de modo que pueden ser verde-azuladas, azules, verde oliva, amarillas claras, rosas, púrpuras o marrones. Algunas cianobacterias se utilizan como fertilizantes debido a su capacidad de fijar el nitrógeno atmosférico y devolverlo al suelo, donde es tomado por las plantas.

Las bacterias acidolácticas (las de los marcos amarillos) son microorganismos que se alimentan de lactosa, un tipo de azúcar que se encuentra en la leche. A la temperatura adecuada, descomponen el azúcar y producen ácido láctico. En ese proceso, llamado fermentación homoláctica, se producen el yogur y el queso.

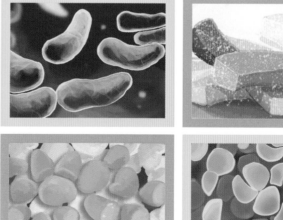

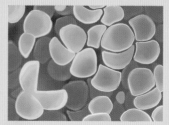

Nota:

Las bacterias acidolácticas producen un ácido que protege el estómago de las bacterias dañinas que no lo toleran. Por esta razón, ¡debes tomar yogur todos los días!

8. Bactegalletas espeluznantes

Hornea galletas que parecen bacterias.

Necesitas:

- 250 g de mantequilla, 150 g de azúcar pulverizada, un sobre de azúcar con sabor a vainilla, 200 g de galletas trituradas, 200 g de chocolate rallado, dos a cuatro cucharadas de jugo de naranja, un paquete de coco deshidratado, una taza pequeña de azúcar granulada, mermelada, una bandeja para hornear grande.

INSTRUCCIONES

1. Mezcla la mantequilla, el azúcar y el azúcar con sabor a vainilla.

2. Añade las galletas trituradas, el chocolate y el jugo; amasa bien la mezcla con las manos.

3. Toma cantidades pequeñas de masa y haz esferas, bastones, espirales y comas. Une suavemente unas cuantas esferas, usando la mermelada como pegamento.

4. Pasa cada galleta sobre azúcar granulada o coco deshidratado inmediatamente después de darle forma.

5. Organiza las galletas en la bandeja. Agrupa algunas esferas hasta formar una cadena o un racimo. Pon los bastones uno al lado del otro, y forma filas con algunos de ellos.

6. Deja la bandeja una o dos horas en el refrigerador para que las galletas se compacten.

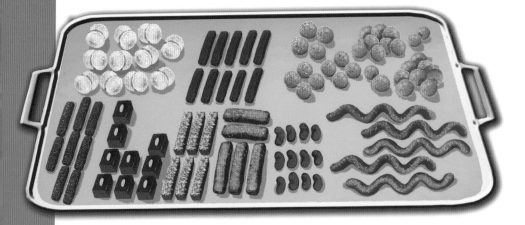

Hornea la masa y minutos después tendrás galletas para tus invitados. Si estuvieron dispuestos a comer tu pizza, comerán tus galletas con forma de bacterias.

9. Agar nutritivo para cultivar bacterias

Quien desee ver bacterias debe contar con un microscopio. Cuando las bacterias encuentran condiciones favorables, comienzan a dividirse. Cada 20 minutos una bacteria se divide en dos y luego ambas se dividen nuevamente en dos, y así sucesivamente. De este modo se forma rápidamente un grupo o colonia de bacterias que puede verse a simple vista. Si quieres ver esto, debes preparar agar nutritivo; las bacterias no podrán resistirse a crecer allí y comenzarán a dividirse.

Necesitas:

- un trozo pequeño de carne, una papa, una zanahoria, gelatina sin sabor, recipientes poco profundos con tapa, un embudo recubierto con papel de filtro plegado (ver el procedimiento en la imagen).

Nota:

Los recipientes se pueden hacer con botellas o vasos plásticos, o se pueden comprar listos para su uso en una tienda de suministros de laboratorio con el nombre de placas de Petri.

INSTRUCCIONES

1. Cocina la carne, la papa y la zanahoria.

2. Filtra el caldo con el embudo recubierto con el papel de filtro.

3. Añade la gelatina y calienta el líquido, pero no lo dejes hervir.

4. Vierte el líquido en los recipientes mientras está caliente.

5. Tapa los recipientes y déjalos en un lugar fresco.

¿qué notaste?

Cuando el líquido se enfría, queda firme como un pudín.

10. Cacería de bacterias

Busca bacterias en el aire, el agua, el suelo y en tus manos.

Necesitas:

- siete recipientes con agar nutritivo, cinco hisopos, un embudo recubierto con papel de filtro, agua hervida (así mueren todas las bacterias que contiene), agua embotellada, agua de río, extracto de suelo (se hace mezclando un poco de tierra con agua hervida y luego filtrándola), guantes quirúrgicos y tapabocas.

Nota:

Asegúrate de usar tapabocas mientras preparas el agar para impedir que en este se alojen los microorganismos que hay en tu interior. Después del experimento ponte los guantes, introduce todas las muestras en una bolsa plástica y deséchala en un contenedor de basura.

INSTRUCCIONES

Marca los recipientes de agar para que sepas qué contiene cada uno.

1. Lleva el primer recipiente y el segundo a una terraza o a un jardín. El primero debe permanecer cerrado; deja abierto el segundo durante 10 minutos y luego tápalo.

2. Vierte unas gotas de agua embotellada en el tercer recipiente y distribúyelas bien con un hisopo limpio.

3. Vierte unas gotas de agua de río en el cuarto recipiente, esparce el agua con un hisopo limpio y tápalo.

4. Pon unas gotas de extracto de suelo en el quinto recipiente, distribúyelas con un hisopo limpio y tápalo.

5. Toma una muestra de una mano sucia para el sexto agar: humedece el hisopo con agua hervida y frótalo en la palma de tu mano cuando vuelvas de estudiar o de jugar. Desliza el hisopo por el agar.

6. Toma una muestra de una mano limpia para el séptimo agar: humedece un hisopo con agua hervida y frótalo en la palma de tu mano después de lavártela. Desliza el hisopo sobre el agar.

7. Tapa todas las muestras de agar nutritivo y déjalas durante la noche en un lugar cálido (entre 25 y 30 °C). Observa las muestras y busca las diferencias que hay entre ellas.

1. NADA

2. AIRE

3. AGUA EMBOTELLADA

4. AGUA DE RÍO

5. EXTRACTO DE SUELO

6. MANO SUCIA

7. MANO LIMPIA

¿Qué sucedió?

En el primer recipiente y en el tercero no se formaron colonias, pero en todos los demás recipientes sí. La colonia del séptimo recipiente es más pequeña que la colonia del sexto.

¿Por qué?

En el primer recipiente no entraron bacterias del aire y por eso permaneció intacto.

En el otro recipiente se multiplicaron las bacterias del aire debido a que ingresaron allí cuando el contenedor se abrió.

En el tercer recipiente no se formó ninguna colonia porque el agua embotellada no contiene bacterias.

En la superficie del cuarto recipiente crecieron colonias de bacterias que se encuentran en el agua de río.

En la superficie del quinto recipiente se desarrollaron las bacterias que se mezclaron con el agua hervida al añadir la tierra.

En el recipiente con la muestra de las manos sucias se formaron muchas colonias de bacterias diferentes, y en el séptimo recipiente el número de bacterias es menor que en el sexto porque te lavaste las manos antes.

11. Camaleones

El color de las cianobacterias no solo depende de los pigmentos que contienen, sino de la luz que reciben. Compruébalo.

Necesitas:
- un frasco, una lámpara con una bombilla verde, un estanque (charco) con lama verde.

Nota:
Asegúrate de no respirar sobre la superficie del agua mientras tomas muestras del agua verde que contiene las cianobacterias. Esas bacterias liberan sustancias tóxicas que en ocasiones envenenan a los nadadores o a los animales que beben el agua en la que crecen.

INSTRUCCIONES

1. Extrae con el frasco un poco de la capa verde que se forma en la superficie de los estanques.

2. Llena el resto del frasco con agua de estanque.

3. Pon el frasco en una habitación oscura e ilumínalo con la luz verde.

4. Observa después de una semana lo que le sucedió al color de la muestra.

5. Lleva el frasco a un lugar con luz natural y observa los cambios.

¿qué sucedió?
Las cianobacterias tomaron un color anaranjado oscuro. Al llevarlas de nuevo a la luz natural volvieron a tornarse verdes.

¿por qué?
El pigmento verde o clorofila es el más abundante en las cianobacterias; por eso son de color verde. La clorofila absorbe todas las frecuencias del espectro de la luz blanca, excepto la del verde, la cual repelen. Bajo la luz verde, la clorofila no puede absorber nada y se disipa poco a poco. Solo así se hacen más visibles otros pigmentos y por eso las células se ven anaranjadas. Al regresar el frasco a la luz natural, la clorofila reaparece.

12. Cianobacterias gelatinosas

Las cianobacterias son organismos filiformes unicelulares o multicelulares. Algunas de ellas forman grupos o colonias de diferentes formas gracias a que secretan un recubrimiento mucoso. Observa una de estas colonias en un vaso de agua.

Necesitas:

- un estanque (charco) con lama verde, un frasco de vidrio limpio y con tapa, una lupa, un microscopio, un portaobjetos y un cubreobjetos.

Nota:

Asegúrate de no respirar sobre la superficie del agua mientras tomas la muestra del agua verde que contiene las cianobacterias.

INSTRUCCIONES

1. Saca un poco de agua del estanque con el frasco de vidrio, tápalo y llévalo a casa.

2. Pon una gota de agua de estanque en el portaobjetos y cúbrela con el cubreobjetos.

3. Observa la muestra bajo el microscopio con tres aumentos diferentes. Intenta ver el recubrimiento mucoso de las cianobacterias.

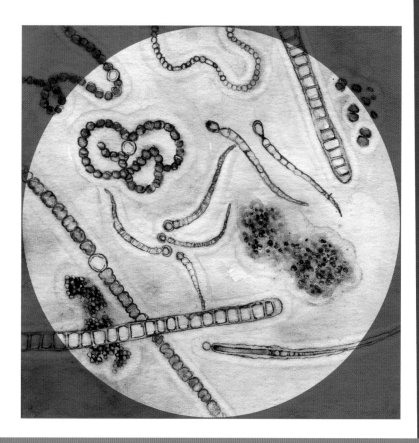

¿Qué notaste?

Bajo el microscopio se ven colonias de diferentes formas; grupos de células unidas por una capa mucosa. Al observar la muestra con el menor de los aumentos se ven hilos verdes rectos y muy largos. Con el aumento más alto se puede ver que esos hilos están hechos de células cilíndricas alineadas una junto a la otra. Algunos hilos son curvos y parecen collares de perlas.

13. Vida en el yogur

El yogur se elabora con leche y bacterias. Obsérvalas bajo el microscopio.

Necesitas:

● un microscopio, un portaobjetos, un gotero, agua, una cucharada de yogur.

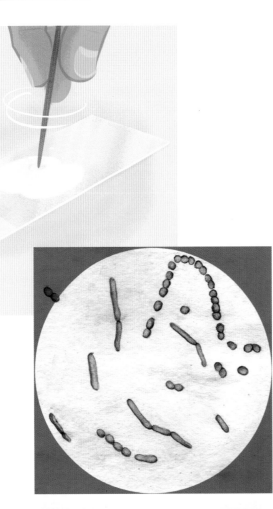

INSTRUCCIONES

1. Pon una gota de agua en el portaobjetos con ayuda del gotero.

2. Añade una gota de yogur al agua (de esta manera se disuelve ligeramente el yogur, y las bacterias se ven con más claridad).

3. Agrega una gota de tinte azul y espárcela bien sobre el portaobjetos con un mondadientes.

4. Deja que la muestra se seque.

5. Obsérvala con el aumento máximo del microscopio.

¿qué notaste?

Bajo el microscopio se ven cadenas de bastones y de células redondas, todas de color azul. Las células con forma de bastón son un tipo de bacilos, y las cadenas de células redondas son estreptococos. Esto significa que el yogur se elabora con dos tipos de bacterias.

14. Elabora tu propio yogur

Las bacterias acidolácticas se alimentan de lactosa únicamente a una temperatura entre 37 y 40 °C. Elabora tu propio yogur teniendo en cuenta esta información.

Necesitas:

● una taza de leche, una cucharada de yogur.

INSTRUCCIONES

1. Hierve la leche, viértela en un vaso y déjala enfriar un poco.

2. Añade la cucharada de yogur y mezcla bien.

3. Deja el vaso en un lugar cálido y mezcla de vez en cuando.

4. Verifica después de unas horas si el sabor de la leche ha cambiado.

¿QUÉ sucedió?

La leche se convirtió en yogur. El sabor es igual al del yogur que venden en las tiendas.

¿POR qué?

Al hervir la leche mataste todas las bacterias que se encontraban en ella. Después, con la cucharada de yogur, le añadiste bacterias acidolácticas a la leche tibia (para que las bacterias no murieran por el calor). Estas se multiplicaron allí y descompusieron la lactosa hasta convertirla en ácido láctico, por lo que la leche se convirtió en yogur.

A mediados del siglo XIX, el microbiólogo francés Louis Pasteur se dio cuenta de que la comida se echaba a perder por la acción de los microorganismos. Por esta razón calentó varios alimentos líquidos hasta que alcanzaron la temperatura a la que mueren los microorganismos y después los almacenó en recipientes sellados. Esta forma de conservar los alimentos se llama pasteurización en su honor. Los envases indican si la leche que bebes fue pasteurizada.

LO QUE SORPRENDIÓ A DIMITRI IVANOVSKI

El científico ruso Dimitri Ivanovski estudió una enfermedad de la hoja de tabaco conocida como enfermedad del mosaico, que también se presenta en un gran número de vegetales. En las plantas infectadas aparecen manchas blanquecinas que cubren la superficie de las hojas de manera casi uniforme.

Convencido de que la causa de la enfermedad del mosaico era algún tipo de bacteria, Ivanovski decidió llevar a cabo un experimento.

EL EXPERIMENTO

Dimitri Ivanovski extrajo la savia de las plantas infectadas y la filtró a través de un tamiz muy fino que impedía el paso de las bacterias. Luego puso una parte de la savia en placas de agar y frotó la otra parte sobre las hojas de una planta sana.

Te imaginarás su sorpresa cuando vio que no había colonias en las placas de agar, ¡pero que las plantas sanas habían contraído la enfermedad del mosaico!

La única explicación que restaba era que la enfermedad era causada por algo aún más pequeño que las bacterias, y que ese algo no podía crecer en agar nutritivo. Esos organismos diminutos obviamente vivían en las células vegetales, donde se multiplicaban y se propagaban por todo el cuerpo de la planta. Así fue como se descubrieron los virus.

Los virus son los microorganismos más pequeños que existen. Solo pueden verse bajo un microscopio electrónico con 300 000 aumentos.

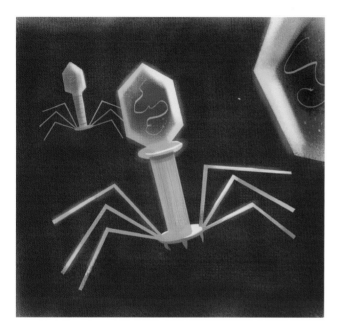

Cuando se piensa en estos organismos, parece que son todo lo que las personas siempre han soñado: convertirse en conquistadores poderosos que viajan latentes de un mundo a otro en cápsulas diminutas e invisibles.

La cápsula es una envoltura de proteína, y el viajero latente es, de hecho, el material genético del virus. A decir verdad, los mundos a los que viajan no están muy lejos: son las células de diversos seres vivos que habitan en la Tierra.

Una vez que un virus entra a una célula, introduce en ella al viajero latente, que se despierta y se prepara para tomar el poder. La célula comienza a producir copias del virus, tras lo cual se destruye a sí misma y libera varios cientos de nuevos virus. Los virus solo pueden sobrevivir fuera de las células huésped por un tiempo corto, ya que los rayos del sol, las temperaturas bajas o altas y los agentes químicos los matan.

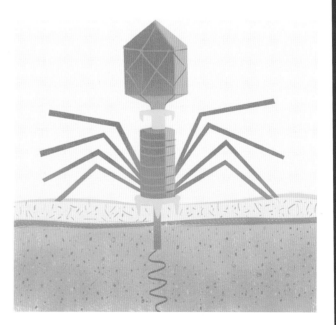

15. Un experimento con flores muy duradero

El virus del mosaico en los tulipanes simplemente provoca un cambio en el color de las flores. Las plantas infectadas presentan manchas con forma de franjas irregulares. Aprovecha este efecto para cultivar tulipanes moteados.

Necesitas:

- cuatro brotes de tulipanes de un solo color, un brote de tulipán moteado, tierra para sembrar, cinco macetas, tijeras, un embudo recubierto con papel de filtro, agar nutritivo para bacterias, un hisopo.

INSTRUCCIONES

1. Planta los brotes de tulipanes en macetas individuales. Marca la maceta del tulipán moteado.

2. Recoge algunas hojas del tulipán moteado cuando crezcan las plantas y córtalas con las tijeras hasta obtener los trozos más pequeños posibles.

3. Aplasta las hojas cortadas con una cuchara para extraer la savia y luego fíltrala con el embudo recubierto de papel de filtro.

4. Frota con fuerza la savia filtrada sobre las hojas de tres tulipanes (deja el cuarto tulipán como control, es decir, no frotes savia sobre él).

5. Agrega y distribuye una parte de la savia sobre el agar nutritivo para bacterias y déjalo en un lugar cálido.

6. Observa al día siguiente lo que ocurrió. ¿Se formaron colonias de bacterias en el agar?

7. Cuando los tulipanes florezcan, observa su color con atención.

¿Qué sucedió?

No se formaron colonias de bacterias en el agar (si aparecen, significa que provienen del aire). Todos los tulipanes, excepto el de control, tienen flores con franjas blancas.

¿Por qué?

Al exprimir la savia de las hojas del tulipán moteado se liberó el virus de las células.

No hay colonias en el agar nutritivo porque el virus de los tulipanes solo puede desarrollarse dentro de las células vegetales.

Los que solían ser tulipanes de un color, producen flores moteadas porque al frotar la savia infectada sobre sus hojas se desató una infección viral. Las franjas blancas aparecieron debido a que las células infectadas perdieron sus pigmentos.

EL DESCUBRIMIENTO DE LAS ALGAS

La búsqueda de bacterias en una gota de agua de río o de estanque lleva a descubrir que allí también viven otros organismos unicelulares. Son muy variados, pero con algo en común: ¡todos tienen núcleo! Muchos de estos organismos pertenecen a un gran grupo de algas. La palabra *alga* proviene del latín. Aunque tienen una estructura mucho más sencilla que las plantas, muchas algas multicelulares forman las algas marinas. Algunas algas marrones pueden alcanzar los 200 metros de longitud. Observa las imágenes de algunas algas unicelulares y lee acerca de ellas.

Las diatomeas son organismos diminutos que viven en ambientes de agua dulce y salada. La superficie de sus células tiene un recubrimiento semejante a una concha pequeña. Gracias a la sedimentación de las conchas de las diatomeas, con el tiempo se formaron gruesas capas de roca. Hoy en día se utilizan para la industria y la construcción, y les ofrecen a los científicos la posibilidad de estudiar las especies que existieron muchos millones de años atrás.

Las algas verdes habitan en agua dulce y salada, así como en la tierra, las rocas y las superficies congeladas. Se pueden considerar las bisabuelas de las plantas. Sus células, al igual que las células vegetales, tienen una pared celular y orgánulos verdes o cloroplastos, que producen alimentos y almacenan las reservas de almidón.

Los dinoflagelados (algas de fuego) son organismos marinos y de agua dulce que dividen las opiniones científicas. Para algunos expertos, el hecho de que tengan flagelos debería ser motivo suficiente para considerarlos animales, pero para otros, la presencia de clorofila, que participa en la producción de alimento de las plantas, es indicio de que son algas. En los mares cálidos viven dinoflagelados que producen luz propia. Dejan hermosas estelas luminiscentes detrás de los barcos, por lo que el agua del mar pareciera estar encendida.

16. Ataúdes submarinos

Las diatomeas unicelulares suelen segregar una mucosidad para poder formar colonias. Busca algunas de esas colonias y te darás cuenta de que parecen verdaderas obras de arte.

Necesitas:

- una *botella* pequeña limpia y con tapa, agua de un río limpio, un *gotero*, un *microscopio*, un *portaobjetos* y un *cubreobjetos*, una *gota de tinta*.

INSTRUCCIONES

1. Toma una muestra de agua de río con la botella.

2. Pon una gota de agua sobre el portaobjetos con ayuda del gotero y cúbrela con el cubreobjetos.

3. Observa con el aumento máximo las distintas formas que tienen las diatomeas.

4. Busca colonias de diatomeas en la muestra e intenta ver el revestimiento mucoso que las une.

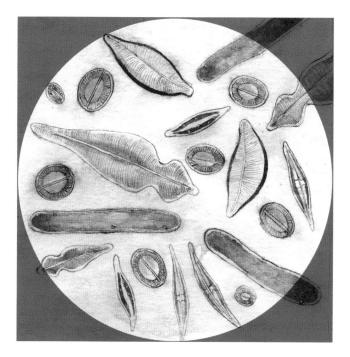
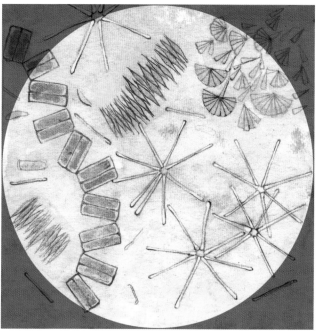

Hay diferentes algas en la muestra. Las diatomeas se pueden reconocer por sus conchas con forma de barco, huevo, medialuna, cubos pequeños e incluso de ataúdes en miniatura. En las células se pueden observar un núcleo y grandes cloroplastos.

Algunas de estas algas tienen grietas en un costado de la concha (o en ambos) por donde segregan moco y, por el efecto de la fuerza de flotabilidad, se mueven en la dirección opuesta. Esto ocurre muy lentamente, pero puede observarse. Añade una gota de tinta al agua de la muestra. Bajo el microscopio se ve el rastro que dejan las diatomeas cuando se mueven.

Las colonias tienen forma de estrellas, fichas de dominó, abanicos y flores.

17. El equipo verde

Las algas verdes son muy variadas. Muchas de ellas son grandes y se asemejan a las plantas reales. Algunas son unicelulares, otras forman colonias y la mayoría de ellas son filamentosas. Identifícalas en una gota de agua.

Necesitas:

- una *botella* pequeña limpia y con tapa, un *gotero*, un *microscopio*, un *portaobjetos* y un *cubreobjetos*.

INSTRUCCIONES

1. Toma una muestra de agua de un río o un estanque.

2. Pon una gota del agua de la muestra en el portaobjetos y cúbrela con el cubreobjetos.

3. Observa la muestra con el aumento máximo y busca algas verdes.

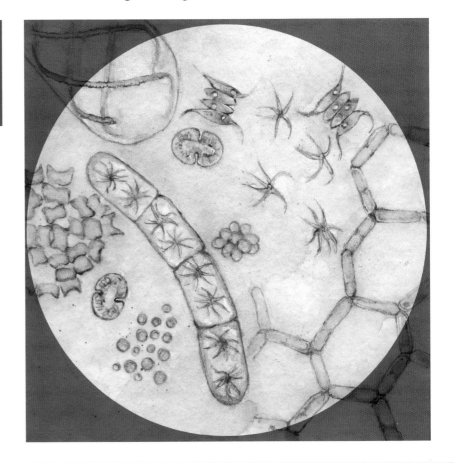

¿Qué notaste?

Las algas verdes unicelulares pueden tener forma de esfera, de dos medias células o de dos medialunas. El núcleo y los cloroplastos se pueden ver bajo el microscopio. Cuando encuentres las colonias de algas verdes, dibuja las figuras que más te gusten. Pueden ser redondas como una pelota, tener forma de plato con varias protuberancias en forma de cuerno, parecerse a una malla, tener forma de estrella...

Las algas verdes filamentosas son largas cadenas de células cilíndricas en las que se pueden ver los orgánulos verdes: los cloroplastos.

18. Un vaso de arcoíris

Aunque es obvio que las algas verdes son de color verde, sus células también contienen otros pigmentos. Realiza un experimento para demostrarlo.

Necesitas:

- un frasco, un embudo recubierto con papel de filtro, un mortero y su respectiva mano, una grapadora, un lápiz, papel de filtro, 20 mL de acetona (medidos con una jeringa plástica comprada en una farmacia), un vaso plástico transparente, tijeras.

INSTRUCCIONES

1. Extrae algas de un lago o estanque con ayuda del frasco.

2. Pon la masa verde en el mortero, agrega la acetona y macera la mezcla con la mano del mortero, hasta que quede una pasta uniforme.

3. Filtra el contenido del mortero en el vaso de plástico con ayuda del embudo recubierto con papel de filtro.

4. Recorta un rectángulo de papel de filtro, dobla un extremo y grápalo; inserta el lápiz en el pliegue del papel.

5. Sumerge el extremo libre en el vaso de plástico, de modo que toque las algas. Observa lo que ocurre en los siguientes 20 minutos.

¿qué sucedió?

Aparecieron varios colores (verde, amarillo, anaranjado, marrón...) en el papel de filtro.

¿por qué?

Los pigmentos se separan por colores porque se disuelven en la acetona de forma diferente. Los pigmentos con moléculas más pequeñas suben, mientras que los que tienen las moléculas más grandes permanecen en la parte inferior del papel de filtro.

19. Dos cascos, una cabeza

Los dinoflagelados tienen un orgánulo para moverse llamado flagelo, que los ayuda a girar de un lado a otro como un timón. Intenta ver sus flagelos.

Necesitas:

- una *botella* pequeña con tapa, *agua de un río o un estanque*, *un gotero*, un *microscopio*, un *portaobjetos* y un *cubreobjetos*.

INSTRUCCIONES

1. Recoge un poco de agua de río en la botella.

2. Pon una gota de agua de río sobre el portaobjetos y cúbrela con el cubreobjetos.

3. Observa cuidadosamente la muestra con el aumento máximo y busca los organismos unicelulares con caparazón que tienen flagelos.

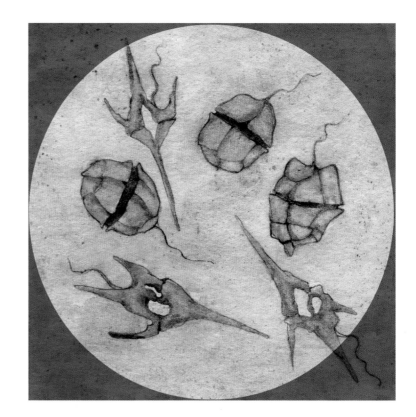

¿qué notaste?

Entre los múltiples organismos de la muestra, hay dinoflagelados pequeños y regordetes, semejantes a dos cascos unidos. Algunos de esos microorganismos tienen tres cuernos grandes. Los dinoflagelados son organismos que tienen dos flagelos. Utilizan uno para nadar, y el otro rodea al primero. El segundo flagelo sobresale un poco y funciona como un timón.

20. El despertar del dragón

Si por casualidad te encuentras a la orilla de algún mar cálido, por ejemplo, en Grecia, haz este experimento para comprobar si los dinoflagelados brillan.

Necesitas:

- unas vacaciones en Grecia, un frasco transparente grande.

INSTRUCCIONES

1. Recoge agua de mar con el frasco.

2. Llévalo a tu habitación y espera a que caiga la noche.

3. Agita en la oscuridad el agua del frasco con un palo largo y disfruta la vista.

¿qué sucedió?

El agua empezó a resplandecer. Hay un sinnúmero de puntos luminiscentes en la oscuridad.

¿por qué?

Los dinoflagelados tienen corpúsculos diminutos y resplandecientes que pueden producir luz. Cuando los tocas, los corpúsculos queman grasas muy rápidamente y la energía se libera en forma de luz.

EL DESCUBRIMIENTO DE LOS PROTOZOOS

Entre los organismos unicelulares que hay en una gota de agua de estanque se encuentran aquellos que tienen características de células animales. Esos organismos son los protozoos.

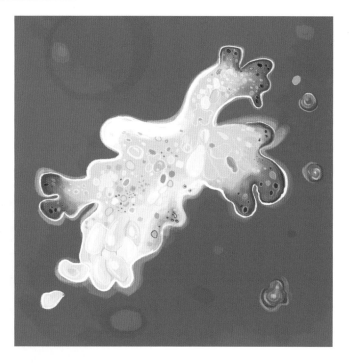

Las amebas constan de una célula que tiene una membrana en la superficie de su cuerpo y una capa gruesa de citoplasma bajo ella. Por esta razón, las amebas deben cambiar constantemente de forma. Estiran algunas partes de su cuerpo para crear pseudópodos (patas falsas) y los utilizan para arrastrarse por las superficies. Cuando encuentran alimento, simplemente lo sostienen con firmeza y lo llevan al interior de su cuerpo.

La parte interna de una ameba funciona como un procesador de alimentos pequeño. Comprende el líquido celular y varios orgánulos que están situados en él: algunos de ellos transportan el alimento, otros lo digieren y algunos excretan el exceso de agua como lo haría una bomba.

Cuando hace demasiado frío o no hay alimento, las amebas se enrollan, forman una pared gruesa alrededor de su cuerpo e hibernan, pero tan pronto como terminan las condiciones adversas, estiran sus diminutas piernas y nadan de nuevo por el agua del estanque.

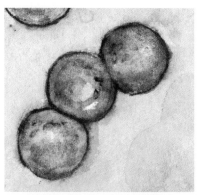

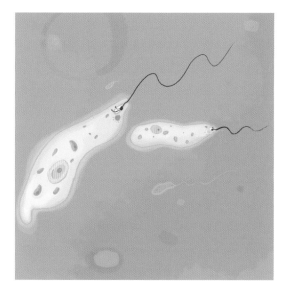

Los flagelados viven en agua dulce y salada, y algunos de ellos habitan dentro del cuerpo de las plantas o los animales. Los flagelos, las extremidades con las que se mueven, son increíblemente fuertes. Comprenden un par de microtúbulos situados en el centro y nueve pares de microtúbulos que los rodean. Muchos flagelados se asemejan tanto a las células vegetales como a las animales. En ellos se puede encontrar clorofila, como en las plantas, pero también se pueden encontrar flagelos y manchas oculares, con las que distinguen entre la luz y la oscuridad, tal como lo hacen los animales. Cuando se quedan sin alimento, nadan hacia la luz porque la necesitan para producirlo.

Los ciliados son organismos unicelulares con un gran número de apéndices en su superficie. Los cilios (los apéndices) tienen una estructura similar a la de los flagelos, y su función es recibir estímulos y mover el líquido que rodea al organismo. Los ciliados tienen una boca diminuta y hundida con un poro en el fondo a través del cual pasan los alimentos. Además, en las células ciliadas se pueden ver vacuolas: orgánulos que cumplen la importante función de digerir los alimentos y de excretar al medio exterior las sustancias que no se digieren.

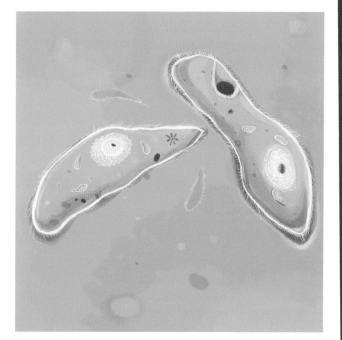

21. Haz tu propio estanque

Si vives en una ciudad, es posible que te cueste trabajo encontrar un estanque del que puedas tomar muestras. Aun así, con un poco de esfuerzo, puedes crear las condiciones propicias para cultivar en un frasco los mismos organismos que crecen en los estanques naturales.

Necesitas:

- agua, un frasco, hojas secas, ramas, césped seco, tierra.

INSTRUCCIONES

1. Hierve el agua y deja que se enfríe.

2. Introduce en el frasco las hojas, las ramas, el césped y un poco de tierra.

3. Vierte el agua fría sobre todos esos elementos.

4. Deja durante una semana el frasco en un lugar cálido y soleado.

¿qué sucedió?

En el frasco se formó un estanque en miniatura que contiene varios microorganismos que se pueden observar.

46

22. Una gota que camina

Busca amebas en una gota de agua y observa su estructura. Debido a que son completamente transparentes, bajo el microscopio se puede ver todo lo que han comido. Analiza la forma en que se mueven.

Necesitas:

- un portaobjetos y un cubreobjetos, un microscopio, una gota de agua de estanque, un cuaderno de dibujo y un lápiz.

INSTRUCCIONES

1. Pon una gota de agua de estanque sobre el portaobjetos y cúbrela con el cubreobjetos.

2. Pon la muestra bajo el microscopio y busca amebas.

3. Elige una ameba y observa cómo cambia su forma y cómo estira las partes de su cuerpo hacia el lugar adonde se mueve.

4. Dibuja algunas de las formas que ves.

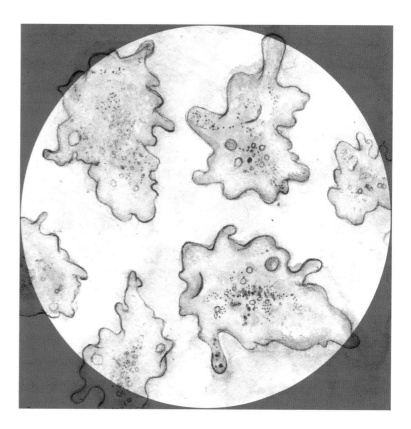

¿qué notaste?

Al mirar las amebas bajo el microscopio, parece que algunas partes de la gota de agua se mueven por sí solas y adoptan diferentes formas. Dentro de la ameba se pueden ver el núcleo y varias vacuolas.

23. Hora de hibernar

Cuando el agua de los estanques se congela o cuando no hay alimento, las amebas forman capas gruesas alrededor de su cuerpo y pasan a un estado de latencia.
De esta manera sobreviven a las condiciones de vida adversas. Cuando se torna más cálido, despiertan de su estado de latencia y continúan moviéndose, alimentándose y dividiéndose. Identifica las condiciones mediante las cuales las amebas se despiertan.

Necesitas:

- un frasco, agua de un estanque (congelada).
- *También puedes usar el agua de tu propio estanque, pero debes verter una pequeña cantidad en una botella de plástico y luego llevarla al congelador durante una hora o dos.*

INSTRUCCIONES

1. Pon 500 mL de agua congelada de un estanque en un frasco de vidrio.

2. Toma una muestra y busca amebas. Verifica si se mueven o si están quietas.

3. Deja el frasco a temperatura ambiente.

4. Observa lo que les sucede a las amebas después de siete días.

5. Lleva el frasco al exterior frío y déjalo allí por unos días.

6. Toma otra muestra y observa nuevamente lo que les sucede a las amebas.

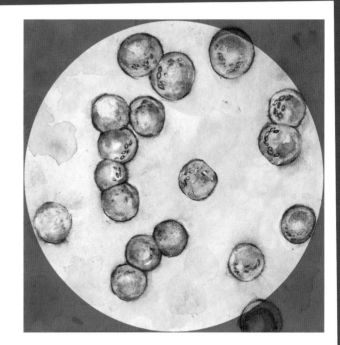

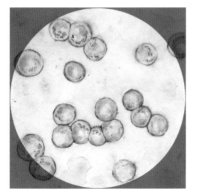

Nota:

Otros protozoos también tienen la capacidad de formar una capa gruesa para protegerse, por lo que también podrás verlos en la muestra. Observa cómo se ven las euglenas en agua helada.

¿qué sucedió?

Las amebas de la muestra que tomaste del estanque (y congelaste) no se mueven. La muestra de agua que estuvo siete días a temperatura ambiente contiene muchas amebas. En la muestra de agua que llevaste al frío, las amebas tampoco se mueven.

¿por qué?

En el primer caso, las amebas no se mueven porque se convirtieron en quistes para sobrevivir al frío. En el segundo caso, hay muchas amebas porque salieron de los quistes y continuaron viviendo gracias a la temperatura favorable del agua. En el tercer caso, las amebas que se movían desaparecieron de nuevo porque el agua estaba demasiado fría; tuvieron que convertirse en quistes una vez más.

24. Trampa para flagelados

Los flagelados se mueven muy rápido gracias a sus flagelos, por eso debes atraparlos para poder verlos.

Necesitas:

- una gota de agua de tu propio estanque, fibras de algodón, un microscopio, un portaobjetos y un cubreobjetos.

INSTRUCCIONES

1. Saca una gota de agua de tu estanque y ponla en el portaobjetos.

2. Pon fibras de algodón sobre la gota de agua. Enreda bien las fibras antes de usarlas.

3. Cubre todo con el cubreobjetos y observa bajo el microscopio.

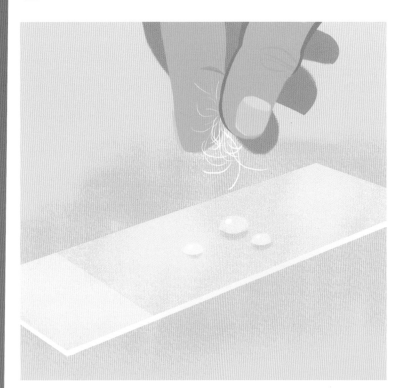

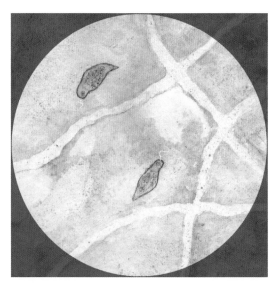

¿Qué notaste?

Lo primero que se ve es la red de fibras enredadas de algodón. Debes buscar euglenas atrapadas en esa red. Se deslizan rápidamente por el agua como torpedos verdes diminutos. Intenta ver el flagelo, la mancha ocular roja, los cloroplastos en forma de lente y, en el centro de la célula, el núcleo grande y ovalado.

25. ¿Cocineras o cazadoras?

Cuando las euglenas, unos flagelados pequeños, encuentran una partícula de alimento, la llevan a su interior y la comen. Si no hay alimento disponible, las euglenas lo producen. Esto sucede porque las euglenas tienen clorofila, un pigmento verde que participa en la producción de alimento. Observa lo que las euglenas pueden hacer.

Necesitas:

- dos frascos pequeños, un microscopio, portaobjetos y cubreobjetos.

INSTRUCCIONES

1. Vierte agua de estanque en los dos frascos y ciérralos bien.

2. Pon uno de los frascos en un lugar soleado (en el alféizar de una ventana), y el otro en un lugar completamente oscuro (en el fondo de un armario). Deja los frascos allí durante una semana.

3. Toma una muestra del agua del frasco que estaba en el alféizar de la ventana y observa cómo se ven las euglenas.

4. Toma una muestra del agua del frasco que estaba en la oscuridad y observa lo que les sucedió a las euglenas.

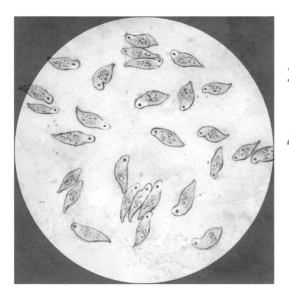

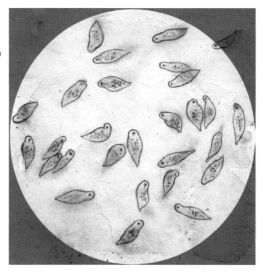

¿qué sucedió?

Las euglenas que estuvieron expuestas a la luz se ven verdes, mientras que las que estaban en la oscuridad son incoloras.

¿por qué?

Las euglenas que estuvieron expuestas al sol permanecieron verdes porque usaron su clorofila y la luz solar para producir alimento. Las euglenas que estaban en la oscuridad perdieron su color y comenzaron a alimentarse de las partículas orgánicas del medio en el que estaban. Si hubieran vuelto a un lugar soleado, habrían recuperado su color verde.

26. La zapatilla en el lago

Los ciliados son organismos muy grandes y por eso mueren cuando la gota de agua de una muestra se seca rápidamente. Si deseas verlos moverse durante un período más largo, o ver cómo se alimentan y se dividen, debes construir un estanque en miniatura.

Necesitas:

- un microscopio, un portaobjetos y un cubreobjetos, un aro de goma para plomería (empaque) de aproximadamente 1 cm de diámetro, pegamento extrafuerte, agua de estanque.

INSTRUCCIONES

1. Pega el aro de goma al portaobjetos con pegamento extrafuerte, para formar una pequeña piscina.

2. Llena por completo la piscina con agua de estanque.

3. Tápala con el cubreobjetos, de modo que no quede aire dentro.

4. Observa la muestra con el aumento máximo.

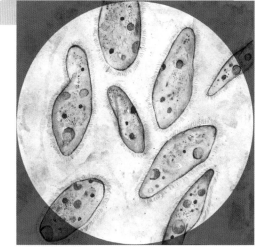

¿qué notaste?

El ciliado más conocido es el paramecio. Es fácil de encontrar: es la célula grande que parece una zapatilla peluda y que se mueve constantemente. Intenta ver los cilios, los núcleos y las otras partes de la célula que están representadas en el dibujo. Tócalo con una aguja. Verás que se pliega inmediatamente donde lo tocaste y luego intenta escapar.

27. El campo de batalla

Los herbívoros comen plantas, los carnívoros cazan herbívoros y los buitres comen carnívoros. Así es la cadena alimentaria. Descubre quién se come a quién en el micromundo.

Necesitas:

- agua de estanque, un portaobjetos y un cubreobjetos, un microscopio.

	1	2	3	4	5	6	7	8	9	10	11	12
Algas												
Flagelados												
Ciliados												
Amebas												

INSTRUCCIONES

1. Toma una muestra de agua de estanque.

2. Cuenta las algas, las amebas, las euglenas y los paramecios que hay en el campo visual. Anota las cifras en la tabla.

3. Repite el conteo todos los días. Deduce después de doce días lo que sucedió con los diversos microorganismos y por qué su número varió de esa manera.

¿Qué sucedió?

La cantidad de algas y euglenas no varió significativamente. El número de amebas y ciliados aumentó al principio, y luego disminuyó.

¿Por qué?

Las algas y las euglenas producen su propio alimento. Los paramecios se alimentan de ellas, y las amebas se alimentan de paramecios. La cantidad de algas y euglenas sigue siendo la misma porque estas se dividieron gracias a las condiciones favorables. Debido a la abundancia de alimento (algas y euglenas), el número de paramecios aumentó al principio y, por lo tanto, el número de amebas también. Sin embargo, al aumentar el número de depredadores (amebas) se reduce el número de presas, y por eso disminuye el número de amebas.

El lunes por la mañana es el momento de empacar las mochilas, pero ¡no están vacías! Tienen los libros del viernes pasado y... ¡ay, no!... ¡un sándwich!

Aunque es un espectáculo que nadie quiere ver, el sándwich que sobró del viernes nos permitirá investigar un nuevo grupo de organismos: los hongos.

Los mohos son hongos microscópicos que crecen en varios alimentos. Crean una capa con una forma irregular, pero bajo el microscopio se puede ver que esa capa es una masa de tubos diminutos enrollados de los que crecen brotes, los cuales ayudan al moho a multiplicarse. Según el tipo de moho, la capa también varía. Los mohos tienen varios colores. Además de distinguir las especies, el color del moho indica la etapa de desarrollo en la que se encuentra.

Las levaduras son hongos unicelulares de forma ovalada. Por lo general se encuentran en sustratos ricos en azúcares, como frutas dulces, néctar de flores o incluso el suelo. Gracias a la actividad de la levadura, ocurre la fermentación del alcohol, un proceso en el cual el azúcar se descompone en alcohol y dióxido de carbono. El hombre utiliza este proceso para obtener masas fermentadas para panadería y pastelería, así como para la producción de varias bebidas.

Los mohos mucilaginosos viven en el suelo húmedo de los bosques, sobre el cual se pudren las hojas caídas y donde abundan las bacterias de las que se alimentan. Se ven como un pañuelo desechable húmedo y casi desintegrado, o como avena derramada. Sin embargo, los mohos mucilaginosos no tienen el mismo aspecto siempre: se ven diferentes en cada etapa de su vida.

1. De las esporas de los mohos mucilaginosos se liberan células semejantes a las amebas llamadas mixoamebas.
2. Las mixoamebas recorren el suelo.
3. Después de un tiempo, las mixoamebas se agrupan.
4. Las células agrupadas se unen y forman una masa llamada plasmodio.
5. El plasmodio adopta forma de gusano y se arrastra lentamente a un lugar oscuro y húmedo donde abunde el alimento.
6. Cuando llega el momento de reproducirse, el plasmodio deja de moverse y comienza a alargarse.
7. En la parte superior comienzan a formarse los esporangios en forma de esfera.
8. Se desarrollan esporas en los esporangios, las cuales liberan nuevas mixoamebas que empiezan a recorrer los desechos de los bosques.

28. Cosas mohosas

Los mohos que crecen en los alimentos tienen distintos colores y, cuando los observes bajo el microscopio, verás que también tienen estructuras diferentes.

Necesitas:

- una *rebanada de pan*, una *fruta mohosa*, *mermelada en la que haya crecido moho*, una *bolsa*, *glicerol* (*se puede conseguir en la farmacia*) o *agua*, un *gotero*, un *microscopio*, un *portaobjetos* y un *cubreobjetos*.

INSTRUCCIONES

1. Moja la rebanada de pan, ponla en la bolsa y déjala en un lugar cálido. Aparecerá moho en ella después de varios días.

2. Busca fresas o frambuesas que tengan moho.

3. Busca un frasco de mermelada con moho.

4. Toma muestras de moho con una aguja y ponlas sobre el portaobjetos junto con una gota de glicerol (o de agua). Cubre todo con un cubreobjetos. Haz lo mismo con todas las muestras de moho.

¿qué notaste?

En las muestras, los mohos parecen pequeños tubos en espiral. De esos tubos crecen hacia arriba unos tallos diminutos; en esos tallos se encuentran los esporangios. Los esporangios pueden tener forma de escobas, cabezas, perlas, entre otras. Ellos almacenan esporas que se transportan fácilmente por el aire, razón por la cual los mohos se diseminan sobre la comida muy rápidamente.

29. Yemas

Las levaduras se multiplican al formar unas protuberancias en cada célula llamadas yemas, que luego se separan y continúan viviendo de forma independiente. Intenta ver esto bajo el microscopio.

Necesitas:

- un paquete de levadura seca, agua tibia, azúcar, tinte azul, un mondadientes, un portaobjetos y un cubreobjetos.

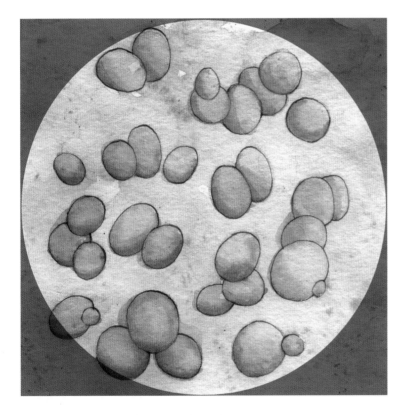

INSTRUCCIONES

1. Agrega un poco de azúcar a un vaso con agua tibia y vierte la levadura seca.

2. Deja el vaso en un lugar cálido durante la noche.

3. Toma una gota del líquido del vaso y ponla en el portaobjetos. Añade una gota de tinte azul, mezcla con un mondadientes y cubre todo con el cubreobjetos.

4. Observa la muestra con el aumento máximo. Intenta identificar algunas estructuras celulares.

¿qué notaste?

En la muestra hay células de levadura grandes y en forma de huevo teñidas de azul. Tienen una membrana y en la parte central de la célula está el núcleo. Al observar la muestra también encontrarás células en las que hay unas protuberancias pequeñas: esas son las yemas.

30. Senderos de moho

Los cambios que ocurren durante la vida de un organismo se conocen como su ciclo de vida. Para que puedas observar el ciclo de vida inusual de los mohos mucilaginosos, tendrás que cultivarlos en casa.

> **Necesitas:**
> - agar nutritivo para cultivar bacterias, agua de estanque, esporangios de un moho mucilaginoso, una servilleta, una caja de plástico con tapa.

INSTRUCCIONES

1. Para empezar, debes "criar un rebaño" de bacterias con las que se alimentará el moho mucilaginoso. Para hacerlo debes cultivar el agua de estanque en el agar nutritivo. En 24 horas crecerán varias colonias de bacterias.

2. Busca al día siguiente en el bosque mohos mucilaginosos que hayan formado esporangios. Recoge algunos con unas pinzas.

3. Oprime los esporangios suavemente en casa con las pinzas para que se agrieten.

4. Distribuye el polvo que liberan los esporangios (esporas) sobre el agar con las colonias de bacterias.

5. Pon la muestra en la caja de plástico. Humedece bien la servilleta y ponla dentro para garantizar que haya humedad en la caja. Pon la tapa para cubrir todo.

6. Deja la caja en un lugar oscuro.

7. Observa los cambios que ocurren durante las siguientes 24 horas.

10:00

16:00

24:00

Nota:

Si pones las esporas en puntos distintos, verás que crecen mohos mucilaginosos en cada una de ellas. También verás que forman caminos hasta el siguiente punto y que, para hacerlo, eligen la distancia más corta posible.

¿Qué sucedió?

Se formó el plasmodio, que primero se convirtió en una estructura semejante a un gusano y luego en un tallo con una esfera en la parte superior (esporangio), que es igual a los que trajiste del bosque.

¿Por qué?

Los mohos mucilaginosos tienen un ciclo de vida en el que se desarrollan a partir de esporas que se convierten en mixoamebas (no se pueden identificar a simple vista) y de las cuales se desarrolla una masa llamada plasmodio. El plasmodio se convierte en una estructura móvil semejante a un gusano. Cuando deja de moverse, en él se forman esporangios con esporas y el ciclo comienza de nuevo.

¿POR QUÉ LA ABUELA HACE SOPA?

Cuando alguien se enferma, comienzan las preguntas: ¿Quién se enfermó? ¿Qué tiene? ¿Es una epidemia? ¿Y si lo es? Debes seguir las recomendaciones del médico, pero también debes escuchar los consejos de la abuela, quien por lo general dice: ¡No puedo quedarme sin hacer nada! Y se va a preparar sopa. Muchas abuelas afirman que la sopa es una excelente forma de prevenir las enfermedades.

31. Sopa casera de la abuela

Necesitas:
- una pechuga de pollo, tres dientes de ajo, una zanahoria grande, eneldo, apio, perejil, pasta para sopa, sal.

INSTRUCCIONES

1. Pon en una olla con agua el pollo en trozos, la zanahoria rallada y el ajo finamente picado.

2. Añade sal al gusto, y cocina.

3. Agrega después de 20 minutos un poco de pasta y hojas de apio. Deja cocinar por otros 10 minutos.

4. Agrega al final bastantes hojas de perejil picado. Sirve de inmediato, mientras esté caliente.

¿qué notaste?

Te sientes más fuerte inmediatamente después de tomar el primer plato de sopa.

De ese modo, nuestra investigación dio un giro: pasó de centrarse en los microorganismos a lo que nos puede proteger de ellos. Los primeros descubrimientos fueron aterradores: ¡los agentes causantes de todas las enfermedades contagiosas son microorganismos!

Afortunadamente, en el siglo XIX, el médico alemán y microbiólogo Robert Koch desarrolló métodos para cultivar bacterias, lo que llevó al descubrimiento de los microorganismos que causan las enfermedades. Gracias al descubrimiento de la causa de la tuberculosis, que solía ser una enfermedad mortal, Koch fue galardonado con el Premio Nobel en 1905.

Estas son algunas de las enfermedades causadas por los microorganismos:

Bacterias

Escherichia - inflamaciones de uretra, pulmones y cerebro.
Salmonella - tifoidea, disentería.
Clostridium - tétano.
Mycobacterium - tuberculosis.
Yersinia - la peste.
Streptococcus - neumonía, otitis, angina.

Hongos

Candida - enfermedades de las membranas mucosas.
Aspergillus - infecciones de ojos y oídos.
Trichophyton - enfermedades de la piel.

Virus

Varicela-zóster - varicela.
Mixovirus parotiditis - paperas.
VIH - SIDA.
Rhabdovirus - rabia.
Influenzavirus - gripe.

Protozoos

Rickettsia - raquitismo.
Entamoeba histolytica - disentería amebiana, dolor de estómago.
Plasmodium - malaria.

Pero ¿dónde viven todos estos organismos mientras aguardan para infectar a quienes no se han protegido? Intenta buscarlos.

32. ¡No es apta para el consumo!

El agua potable no debe contener bacterias peligrosas que causen malestares estomacales. Realiza un experimento para comprobar si el agua contiene esas bacterias.

Necesitas:

- un trozo de carne, gasa, agua de río, agua embotellada, suero de leche, dos tubos de ensayo, dos tubos capilares de vidrio cerrados en un extremo con un corcho (también puedes utilizar secciones de una manguera de silicona), goma o plastilina.

INSTRUCCIONES

1. Cocina los trozos de carne y filtra el caldo con ayuda de la gasa.

2. Vierte una cucharada de suero en el caldo.

3. Vierte una pequeña cantidad de caldo en ambos tubos de ensayo e inserta un tubo capilar en cada uno.

4. Cierra los tubos de ensayo con tapas metálicas o papel de aluminio.

5. Ponlos de pie en una olla estrecha y hiérvelos para que salga el aire de los tubos capilares; déjalos enfriar.

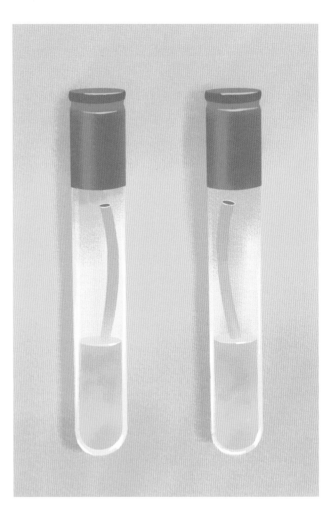

6. Marca los tubos de ensayo con los números 1 y 2.

7. Añade 1 mL de agua de río al primer tubo y ciérralo de inmediato.

8. Añade 1 mL de agua embotellada al segundo tubo de ensayo y ciérralo inmediatamente.

9. Deja los tubos de ensayo en un lugar cálido durante la noche.

10. Verifica al día siguiente si cambió el aspecto del líquido de los tubos de ensayo.

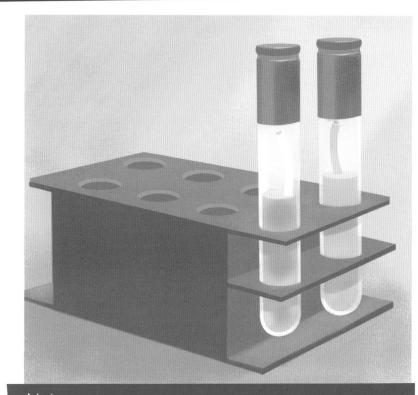

Nota:
Vierte en el inodoro el contenido del tubo de ensayo con la muestra de agua de río, tapa el tubo y deséchalo en un contenedor de basura. Lávate bien las manos con agua y jabón.

¿qué sucedió?

El caldo que contiene agua del río se ve turbio y el tubo capilar está lleno de gas. La muestra que contiene agua embotellada permanece transparente; no hay gas atrapado en el tubo capilar.

¿por qué?

Las bacterias que causan malestar estomacal se alimentan de la lactosa contenida en el suero. En el proceso de descomposición de la lactosa se liberan gases (dióxido de carbono e hidrógeno). La muestra turbia y la acumulación de gas en el tubo capilar indican que hay bacterias perjudiciales en el agua de río. El caldo con agua embotellada permaneció transparente porque en ella no hay bacterias que se multipliquen ni se alimenten de lactosa. Esa agua es apta para el consumo humano.

33. Salvajes y domésticas

Hay muchas sustancias orgánicas en los basureros y en los vertederos de basura no autorizados. Esto crea las condiciones ideales para que se multipliquen las bacterias, lo que las convierte en agentes causantes de muchas enfermedades. El viento las transporta junto con partículas de polvo, que luego son inhaladas por las personas y hacen que se enfermen. Incluso un lugar aparentemente limpio puede estar lleno de bacterias. Entre algunos lugares, identifica el que tiene más bacterias.

Necesitas:

- tres vasos de vidrio lubricados con vaselina, tres agares nutritivos para bacterias, cinta adhesiva, una lupa, papel y lápiz.

INSTRUCCIONES

1. Pon el primer vaso lubricado bajo un árbol, el segundo junto a un contenedor de basura y el tercero en la entrada de un edificio; los vasos deben estar boca abajo.

2. Pon un agar junto a cada vaso.

3. Pega después de media hora un pedazo de cinta adhesiva en cada vaso y luego pon los pedazos de cinta sobre una hoja de papel limpia. Anota de dónde proviene cada muestra.

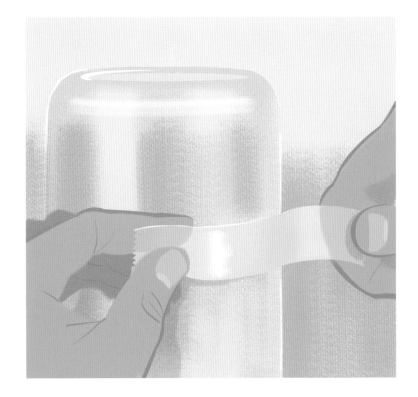

Bajo el árbol

Junto al contenedor de basura

En la entrada de un edificio

4. Identifica con ayuda de la lupa la cinta que tiene más polvo.

5. Cubre los agares, márcalos con el lugar donde estuvieron y déjalos en un lugar cálido (entre 25 y 30 °C).

6. Observa al día siguiente si crecieron colonias de bacterias en los agares. Compara los agares e identifica cuál de los lugares es el más contaminado y cuál es el más limpio.

¿qué sucedió?

Al mirar los pedazos de cinta adhesiva con la lupa, hay menos polvo en el que estaba bajo el árbol y más polvo en los que estaban junto al contenedor de basura y en la entrada del edificio. En los agares también crecieron varias colonias. Las muestras tomadas junto al contenedor y en la entrada del edificio tienen más colonias que la tomada bajo el árbol.

¿por qué?

El aire es más limpio bajo el árbol, y más contaminado junto al contenedor y en la entrada del edificio.

34. Bajo el mismo techo

En el aire hay esporas de hongos que hacen que el moho crezca fácilmente sobre los alimentos. Generalmente hay una cantidad imperceptible de moho bajo los muebles y el papel tapiz, o alrededor de las ventanas y el fregadero de la cocina. Con eso basta para que las esporas se dispersen por toda la casa. Para determinar los lugares donde se originan las esporas, debes buscarlos cuidadosamente.

Prepara agar nutritivo para hongos y verifica si hay gran cantidad de esporas en tu casa.

Agar nutritivo para hongos

- Disuelve varias tabletas o cucharadas de dextrosa en 200 mL de agua (la dextrosa o glucosa se consigue en tabletas o en polvo).

- Calienta la mezcla, pero asegúrate de que no hierva.

- Agrega gelatina.

- Vierte la mezcla en varias tapas de frascos cuando se disuelva la gelatina y deja que se solidifique.

Nota:

Si lo deseas, puedes usar gelatina roja. Así obtendrás un agar rojo en el que se verán mucho mejor las colonias de color claro.

INSTRUCCIONES

1. Pon los agares nutritivos para hongos en varios lugares de la casa y déjalos allí durante 24 horas.

2. Cúbrelos con plástico transparente para envolver alimentos y déjalos en un lugar cálido.

3. Observa lo que ocurrió después de una semana.

Nota:

Algunas personas presentan alergias cuando hay muchas esporas. Si encuentras moho en casa, muéstraselo a un adulto. Luego compra fungicida y aplícalo sobre esa superficie.

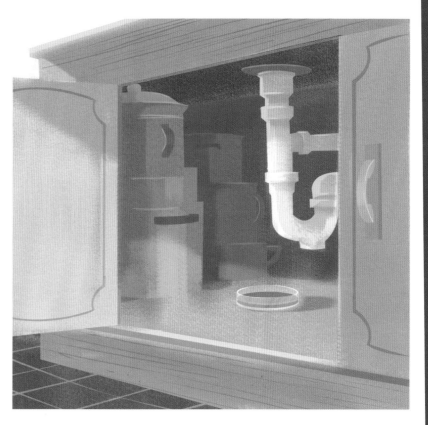

¿qué sucedió?

En los agares crecieron varios hongos. Son visibles a simple vista y pueden contarse. Puede que haya solo unos pocos o que haya muchos.

¿Por qué?

Los mohos crecen a partir de las esporas "atrapadas" en el agar. Hay muchas más esporas cerca de los lugares donde ya hay moho. Si hay muchas esporas, es probable que haya moho en algún lugar de la casa. Intenta hallar ese lugar con ayuda de una lupa.

EL EJÉRCITO INVISIBLE

La guerra contra los microorganismos que causan enfermedades no es nada fácil. Es una lucha contra un ejército formidable que tiene armas poderosas a su disposición: toxinas, buenas defensas (recubrimiento) y una capacidad de supervivencia excelente (esporas).

Nuestra primera línea de defensa está hecha de piel y membranas mucosas, sudor y lágrimas, cilios y moco en el tracto respiratorio, y ácido en el estómago, y si los microorganismos superan todas estas barreras, se encontrarán con los glóbulos blancos. Estos atacan a los intrusos y tratan de destruirlos. Las defensas de un organismo se llaman sistema inmunitario. Cuando alguien se enferma, suele decirse que el sistema inmunitario de esa persona está débil. Aun así, fortalecer el sistema inmunitario es muy fácil.

Lee esta lista de cosas que puedes hacer por tu salud y haz algunas de ellas de inmediato:

- Cuida tu higiene personal.

- Consume mucho yogur.

- Toma bastante sopa de la abuela.

- Toma mucha vitamina C (puedes encontrarla en fresas, papayas, guayabas, entre otros alimentos).

El sistema inmunitario también puede fortalecerse artificialmente mediante las vacunas. Estas hacen que un organismo se haga inmune a ciertas enfermedades. Cuando un agente infeccioso intenta atacar, el organismo ya está preparado y lo destruye fácilmente. La primera vacuna utilizada en humanos fue la vacuna contra la rabia, y fue elaborada por el científico francés Louis Pasteur.

35. En busca de vitamina C

El sistema inmunitario necesita mucha vitamina C.
Descubre cuánta hay en el jugo y el té.

INSTRUCCIONES

1. Llena con agua el resto del primer vaso.

2. Disuelve el sobre de vitamina C en el segundo vaso y llena el resto con agua.

3. Llena el resto del tercer vaso con jugo de manzana.

4. Llena el resto del cuarto vaso con té de hibisco.

5. Observa cómo cambia el color del líquido que hay en cada vaso.

Necesitas:

● un *sobre de vitamina C, jugo de manzana, té de hibisco, cuatro vasos llenos de agua hasta la mitad y en los que se debe disolver un poco de permanganato de potasio.*

¿qué sucedió?

El color del permanganato de potasio del primer vaso permanece púrpura; el líquido del segundo vaso se ve momentáneamente incoloro; el líquido del vaso que contiene el té de hibisco se vuelve incoloro rápidamente, mientras que el que contiene jugo de manzana se vuelve incoloro más lentamente.

¿por qué?

El permanganato de potasio en polvo se vuelve púrpura cuando se disuelve en agua, pero en presencia de vitamina C ocurre una reacción y se forma un compuesto incoloro. Cuanta más vitamina C haya, más rápidamente ocurre la reacción.

¿ERA FLEMING DESCUIDADO?

El microbiólogo escocés Alexander Fleming se dedicó al estudio de las bacterias y buscó la cura contra las enfermedades que producen.

El primer descubrimiento ocurrió por accidente. Fleming estornudó mientras examinaba colonias de bacterias que crecían en agar nutritivo. Después de unos días vio que las colonias de bacterias comenzaban a desaparecer. Así descubrió que la saliva humana tiene la capacidad de inhibir el crecimiento de las bacterias.

El segundo descubrimiento también ocurrió por casualidad. Al regresar de unas vacaciones en 1928 encontró moho sobre los agares nutritivos que había dejado olvidados en el laboratorio. Se dio cuenta de que no había bacterias alrededor del moho y supuso que se debía a algo que el moho había secretado. Era el antibiótico llamado penicilina.

Varios años después, la penicilina y otros antibióticos comenzaron a salvar a la humanidad de muchas enfermedades peligrosas, y Fleming y los demás científicos responsables de su descubrimiento fueron galardonados con el Premio Nobel, el galardón a los logros científicos más prestigioso del mundo.

36. ¿Quién manda en casa?

Los hongos microscópicos son conquistadores muy peligrosos. Se propagan rápidamente sobre algunas superficies y matan a todos sus oponentes. Si sienten la presencia de colonias de bacterias, ¡comienzan a crecer en su dirección y secretan un antibiótico que las destruye en apenas 24 horas! Sé testigo de la batalla entre un hongo y una bacteria.

Necesitas:

- agar nutritivo para bacterias, un hisopo, algún alimento cubierto de moho, una aguja.

INSTRUCCIONES

1. Frota un hisopo húmedo en el suelo y luego deslízalo sobre el agar nutritivo.

2. Pon un poco de moho de pan o de algún otro alimento en uno de los bordes del agar; cierra el recipiente y déjalo durante la noche en un lugar cálido.

3. Observa el agar al día siguiente.

¿qué sucedió?

Crecieron colonias en el agar (aparecen sobre el mismo recorrido que hizo la punta del hisopo). El agar está limpio alrededor del moho.

¿por qué?

Una parte del moho secretó antibiótico en el agar; el antibiótico se extendió hasta cierto punto y mató a todas las bacterias. Por esta razón, el agar que había alrededor del moho permaneció intacto.

37. El misterio de la etiqueta de los medicamentos

Las bacterias se pueden clasificar en dos grupos según la estructura de su pared celular, y el científico danés Gram ideó una forma de diferenciarlas fácilmente. Esto es muy importante porque los dos grupos de bacterias, además de distinguirse por la estructura de su pared celular, también difieren en su sensibilidad a los antibióticos. Cuando leas en la etiqueta de algún medicamento que ese remedio afecta a las bacterias Gram-positivas o Gram-negativas, recuerda que se llaman así en honor a Christian Gram.

Clasifica algunas bacterias en dos grupos utilizando la técnica de coloración de Gram.

Necesitas:

- tinta china roja y azul, alcohol, solución de yodo, agua, una muestra de agua de estanque, un microscopio, un portaobjetos, un gotero, un mondadientes.

INSTRUCCIONES

1. Frota una gota de agua de estanque sobre el portaobjetos con ayuda del mondadientes. Deja que se seque completamente.

2. Pon una gota de tinta china azul sobre la muestra, espera unos minutos y luego deja que escurra el exceso de tinta.

3. Aplica una gota de yodo para que adquiera color rápidamente, espera unos minutos y luego escúrrela.

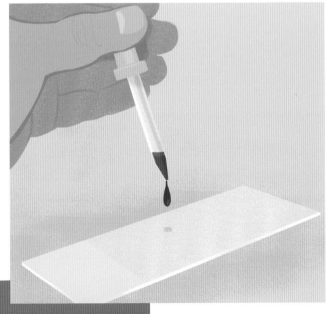

4. Sumerge varias veces la muestra en un vaso de alcohol hasta que desaparezca el colorante.

5. Enjuaga la muestra sumergiéndola varias veces en un vaso de agua.

6. Pon una gota de tinta china roja y escurre la tinta después de algunos minutos.

7. Enjuaga la muestra con agua (igual que en el paso 5).

8. Observa la muestra seca con el aumento máximo del microscopio.

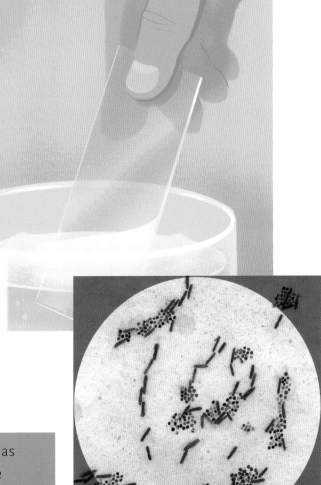

¿qué notaste?

En la muestra, las bacterias Gram-positivas se ven de color púrpura y las bacterias Gram-negativas se ven de color rojo.

¿por qué?

La tinta china azul tiñe ambos grupos de bacterias de color azul. Durante el enjuague con alcohol y agua, y debido a que la estructura de la pared celular de las bacterias es diferente, solo desaparece el colorante de las bacterias Gram-negativas. La tinta roja tiñe ambos grupos de bacterias de color rojo. Las bacterias azules, las Gram-positivas, se vuelven púrpuras al añadir el colorante rojo, mientras que las bacterias Gram-negativas, de las cuales desapareció el colorante azul, se vuelven rojas.

38. Aceite esencial para uso doméstico

Las hierbas medicinales contienen una gran cantidad de aceites esenciales. Sentimos su fragancia cuando bebemos su infusión. Si alguna vez tienes la oportunidad de recoger hierbas medicinales frescas, podrás extraer aceite de ellas.

Necesitas:

- una hierba medicinal (por ejemplo, albahaca), una estufa, una tetera, una manguera larga de goma, un recipiente con agua fría, un vaso de vidrio.

INSTRUCCIONES

1. Pica la hierba y ponla en la tetera con agua.

2. Pon la olla en la estufa.

3. Conecta la manguera de goma al pico de la tetera y fíjala bien.

4. Asegúrate de que la manguera descienda y pase por el recipiente con agua fría. Pon el otro extremo de la manguera en el vaso.

5. Enciende la estufa y observa lo que sucede mientras hierve el agua de la tetera.

¿qué sucedió?

Entre 10 y 15 minutos después, en el vaso apareció cierta cantidad de agua con una capa de aceite sobre ella.

¿por qué?

Al hervir la infusión, el líquido se evapora. El vapor pasa a través de la manguera, se enfría cuando recorre la parte sumergida en agua y regresa a su estado líquido, por lo que finalmente gotea en el vaso. Puesto que el aceite pesa menos que el agua, flota en la superficie. Puedes extraerlo con un gotero, ponerlo en una botellita de vidrio y taparla bien.

39. Prueba de fuerza

Los microorganismos (en especial los mohos) producen antibióticos, las hierbas producen aceites esenciales y las glándulas salivales secretan enzimas. Descubre la capacidad que tienen estas sustancias para matar bacterias.

Necesitas:

- agar nutritivo, agua de estanque, agua embotellada, círculos pequeños de papel de filtro hechos con una perforadora, aceite de albahaca, un comprimido de antibiótico, saliva.

INSTRUCCIONES

1. Vierte un poco de agua de estanque sobre el agar y espera a que se seque.

2. Pon cuatro círculos de papel de filtro sobre el agar. Marca la sustancia que habrá en cada círculo.

3. Pon un poco de agua embotellada en el primer círculo con ayuda del gotero; pon un poco de saliva en el segundo, antibiótico disuelto en agua en el tercero y una gota del aceite en el cuarto.

4. Déjalos en un lugar cálido durante la noche y al día siguiente observa dónde crecieron las colonias de bacterias.

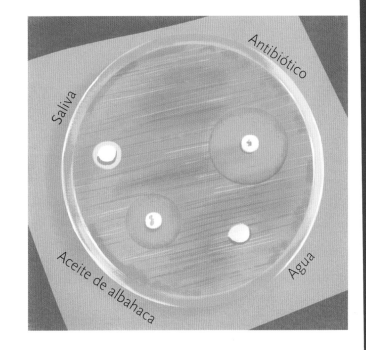

¿qué sucedió?

La superficie que rodea los círculos con saliva, antibiótico y aceite, está libre de bacterias. Si mides sus diámetros, verás que la que rodea al antibiótico es la más grande. Alrededor del círculo con agua, así como en el resto de la superficie del agar, hay colonias de bacterias.

¿por qué?

La saliva, el aceite y el antibiótico penetran en el agar y matan las bacterias que hay a su alrededor. Cuanto mayor es el diámetro del área limpia, más fuerte es el efecto antibacteriano de los agentes que se probaron.

Un detective, al igual que un científico, debe ser objetivo. Si analizas algo desde un ángulo, debes analizarlo desde otro de inmediato. Solo así podrás comprender realmente lo que estás estudiando.

Seguir este procedimiento nos llevará de los agentes causantes de las enfermedades a los microorganismos que influyen en el medio ambiente. Al descomponer las plantas y los animales muertos, proporcionan la materia necesaria para que crezcan nuevos seres y de ese modo hacen posible la vida en la Tierra.

40. ¿Quién se asegura de que nuestro planeta tenga suficiente oxígeno?

Los residuos vegetales contienen un gran número de azúcares (carbohidratos). Para reutilizar el carbono, un elemento químico necesario para todos los seres vivos, los azúcares deben descomponerse en dióxido de carbono. Descubre la función de las bacterias en este proceso.

Necesitas:

- agar nutritivo para *bacterias* recién preparado (los materiales necesarios y el procedimiento para hacerlo están en la página 25), carbohidratos (almidón para ropa o almidón de maíz para cocinar), un poco de tierra, agua, un embudo, papel de filtro, un marcador, un hisopo, solución de yodo.

INSTRUCCIONES

1. Prepara el agar nutritivo y, antes de verterlo en los recipientes, agrega una cucharadita o dos de almidón y mezcla bien.

2. Traza con el marcador una línea divisoria en la parte externa del recipiente cuando el agar se haya solidificado.

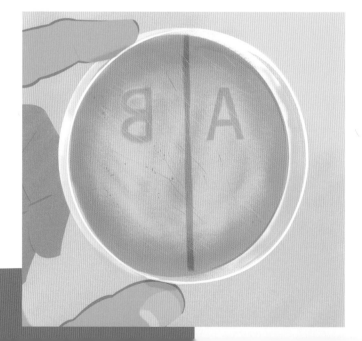

3. Distribuye con ayuda de un hisopo algunas bacterias de tierra sobre una mitad del agar nutritivo (antes debes disolver la tierra en un poco de agua y filtrarla con papel de filtro).

4. Deja el plato a temperatura ambiente durante la noche.

5. Vierte al día siguiente solución de yodo sobre todo el agar, espera unos minutos, escurre el yodo y observa lo que ocurre.

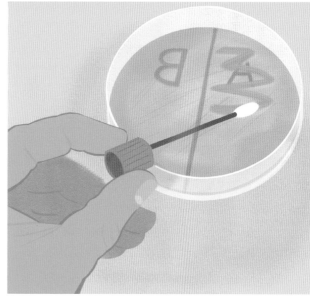

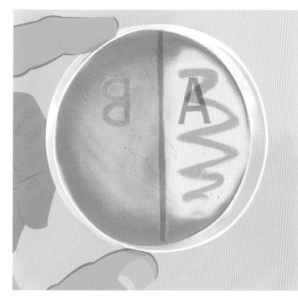

¿Qué sucedió?

Una mitad del agar se volvió azul, mientras que la otra, aquella en la que crecieron colonias de bacterias, conservó su color.

¿Por qué?

El yodo tiñe el almidón de azul. En la mitad que tiene bacterias no hay almidón porque estas lo descompusieron y liberaron carbono en forma de dióxido de carbono. Por eso el color de esa mitad permaneció intacto.

41. ¿Quién hace circular el nitrógeno?

Gran parte del nitrógeno se encuentra en las proteínas, y estas abundan en los restos de animales. Al descomponerse las proteínas, el nitrógeno retorna a la atmósfera en forma de amoniaco (gas).

Necesitas:

- dos botellas de vidrio pequeñas y con tapa, una clara de huevo (proteína), papel de filtro, tijeras, solución de sulfato de cobre (puedes comprarlo en una tienda de jardinería).

INSTRUCCIONES

1. Llena las botellas hasta la mitad con agua hervida. Luego añade un poco de tierra a una de ellas y mezcla bien.

2. Agrega una pequeña cantidad de clara de huevo a ambas botellas y mezcla bien.

3. Recorta dos tiras de papel de filtro y humedécelas con la solución de sulfato de cobre.

4. Inserta una tira en cada botella y sujétala con la tapa. Asegúrate de que las tiras cuelguen libremente dentro de las botellas sin tocar el líquido.

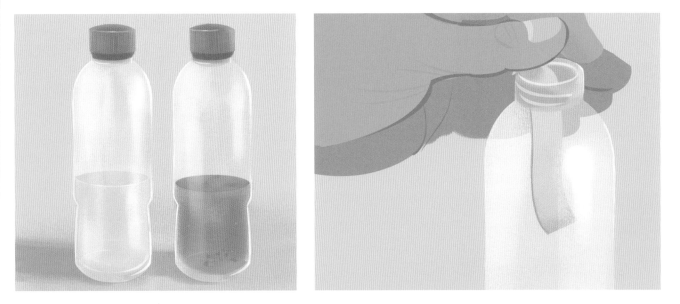

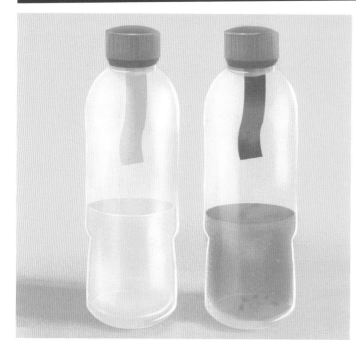

5. Deja las botellas durante varios días en un lugar cálido y observa los cambios que sufren las tiras de papel.

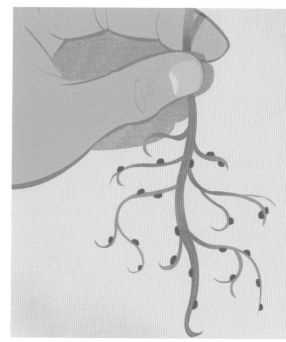

Nota:

Las plantas no tienen la capacidad de extraer el nitrógeno directamente del aire, pero pueden hacerlo gracias a los compuestos nitrogenados que hay en la tierra. Las bacterias devuelven el nitrógeno a la tierra y producen los compuestos nitrogenados que necesitan las plantas. En las raíces de algunas plantas crecen bacterias que producen compuestos nitrogenados. Al mirar las raíces de la planta de frijol, guisantes o alfalfa, se ven nódulos diminutos en los que están almacenadas esas bacterias.

¿Qué sucedió?

En la botella con tierra, el color de la tira cambió de azul claro a azul oscuro, mientras que el color de la otra tira permaneció igual.

¿Por qué?

Las bacterias del suelo descomponen las proteínas de la clara de huevo y liberan nitrógeno en forma de gas (amoniaco). El sulfato de cobre y el amoniaco reaccionan y producen un compuesto de un color azul intenso. Dado que la otra botella no contiene bacterias, no se descomponen las proteínas, ni ocurre ningún cambio de color.

42. ¿Quién se comió las sobras?

El compost es un conjunto de desechos de origen vegetal (desechos orgánicos) descompuestos por microorganismos. Es rico en nutrientes esenciales para las plantas y por eso se agrega a la tierra como fertilizante. Si tienes un jardín, usa desechos orgánicos para hacer compost.

Necesitas:

- desechos de varias fuentes (restos de vegetales, frutas, hojas caídas, cáscaras de huevo, residuos de café).

INSTRUCCIONES

1. Cava un agujero profundo y, cada vez que arrojes desechos orgánicos en él, cúbrelos con una capa de tierra y agua. Haz esto hasta que se llene el agujero.

2. Extrae después de unos meses una pequeña cantidad de tierra y determina si es diferente a la tierra que hay alrededor.

¿qué sucedió?

En cuestión de meses, la tierra de ese lugar se tornó muy oscura.

¿por qué?

Las bacterias descompusieron los desechos orgánicos y todos los residuos de alimentos se convirtieron en tierra. Esa tierra es muy nutritiva y se puede utilizar como fertilizante para las plantas de jardín.

43. Alguien tiene que limpiar

Los desechos químicos pueden contaminar. Por ejemplo, el peróxido de hidrógeno (agua oxigenada) es venenoso para las personas. Observa lo que le ocurre a esta sustancia cuando se encuentra en un medio que contiene bacterias.

Necesitas:

- agar nutritivo para *bacterias*, agua de estanque, solución al 10% de peróxido de hidrógeno (lo puedes comprar en una *farmacia*), plástico para envolver alimentos.

INSTRUCCIONES

1. Pon agua de estanque en el agar nutritivo para bacterias, frótala por toda la superficie y cubre todo con plástico para envolver alimentos.

2. Déjalo durante la noche en un lugar cálido para que se formen colonias.

3. Vierte al día siguiente peróxido de hidrógeno sobre todo el agar hasta que esté completamente cubierto y espera unos minutos.

¿qué sucedió?

Aparecieron burbujas en la superficie.

¿por qué?

Las bacterias producen una enzima que desencadena una reacción química violenta y descompone el peróxido de hidrógeno venenoso en oxígeno y agua. El oxígeno se encuentra en las burbujas.

44. El ciclo eterno del micromundo

El microbiólogo ruso Sergey Winogradsky ideó un sistema de tratamiento de aguas en el que se recicla carbono, nitrógeno y azufre. En ese sistema, los residuos de un tipo de organismos se convierten en el alimento de otro grupo y así sucesivamente, hasta que se obtienen las sustancias de las que se alimenta el primer grupo de organismos. Crea un sistema de reciclaje similar.

Necesitas:

- una *botella de plástico de 2 L, 10 huevos, bicarbonato de sodio, yeso, levadura seca, un periódico viejo, una muestra de lodo, agua de un estanque (puede ser de un estanque de peces).*

INSTRUCCIONES

1. Llena un tercio de la botella con lodo.

2. Agrega una fuente de carbono (las cáscaras de huevo o 10 gramos de tiza, unos 2 gramos de bicarbonato de sodio, unos 20 gramos de yeso), una fuente de nitrógeno (unas cuantas claras de huevo), una fuente de azufre (varias yemas) y una fuente de celulosa (el periódico viejo). Añade dos gramos de levadura y un poco de heno, de modo que la botella quede llena hasta la mitad.

3. Llena la botella con agua de estanque y deja libre un espacio de 2 o 3 cm.

4. Cierra muy bien la botella y déjala tres meses en un lugar soleado (una ventana).

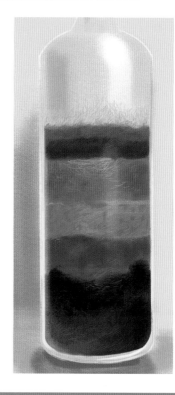

¿qué sucedió?

Se formaron las siguientes capas de arriba abajo:

- amarillenta;
- verde oliva;
- una capa de color óxido;
- púrpura;
- rosa claro;
- verde;
- negra.

¿por qué?

Las capas se forman dependiendo de las sustancias orgánicas y del oxígeno que necesitan los microorganismos que hay en cada una.

En las capas de color amarillo y verde oliva hay bacterias y cianobacterias que utilizan la energía solar para producir azúcares.

En la capa de color óxido hay bacterias que utilizan oxígeno para oxidar los compuestos del hierro.

La capa púrpura contiene bacterias púrpuras no sulfúreas que viven sin oxígeno y se alimentan de ácidos. Los ácidos producen bacterias descomponedoras del azúcar, que viven en esta y en la capa superior.

En la capa de color rosa claro hay bacterias púrpuras sulfúreas que viven sin oxígeno, pero estas se alimentan de los productos de la descomposición de las bacterias sulfúreas de la parte inferior.

La capa verde contiene bacterias sulfúreas que viven de la misma manera que las púrpuras.

La capa negra contiene bacterias sulfúreas que viven sin oxígeno y descomponen los compuestos de azufre.

Si faltara alguna de estas capas, no existiría la siguiente. Esto significa que el sistema se mantiene gracias a cada una de estas capas.

A DESPERTAR LA CONCIENCIA ECOLÓGICA

Se acumula basura en todo el planeta... los microorganismos intentan descomponer todo, luchan con algunas bolsas de plástico, tosen a causa de los detergentes... están desbordados de trabajo.

¡El despertador le pone fin a esa pesadilla! La investigación en la que estamos a punto de embarcarnos tiene un nuevo objetivo: ver cómo viven los microorganismos.

¡Cuidemos el agua!

En el agua contaminada con desechos orgánicos aumenta la cantidad de algas.

El crecimiento excesivo de algas las mata y empeora la contaminación.

Las bacterias que descomponen todos esos desechos consumen oxígeno.

La falta de oxígeno provoca la muerte de plantas y animales, y aumenta la contaminación.

Las bacterias que producen toxinas prosperan en ambientes sin oxígeno.

Los seres vivos mueren.

45. Hay una multitud en el agua sucia

El número de euglenas que hay en el agua indica su grado de contaminación orgánica. Evalúa el nivel de contaminación de diferentes muestras de agua.

Necesitas:

- cinco *botellas* pequeñas con *tapa*, cinco muestras de agua (tomadas de un arroyo limpio, del *nacimiento* y la *desembocadura* de un río de un vertedero de basura no autorizado, de un lago y de un estanque), un microscopio, un portaobjetos y un cubreobjetos, fibras de algodón.

INSTRUCCIONES

1. Prepara las muestras: en cada portaobjetos pon una gota de cada tipo de agua, fibras enredadas de algodón y finalmente un cubreobjetos.

2. Cuenta las euglenas que hay en el campo visual. Compara las cifras de todas las muestras de agua.

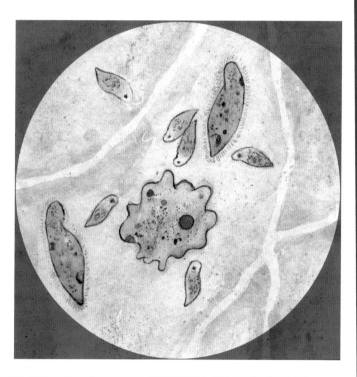

¿qué sucedió?

El número de euglenas es mayor cuanto más contaminada está el agua. La diferencia es particularmente notable en las muestras de agua tomadas en el nacimiento y la desembocadura del río del vertedero. Además de las euglenas, hay otros microorganismos en las muestras.

¿por qué?

Las euglenas pueden producir su propio alimento, pero cuando abundan los residuos orgánicos, se alimentan de ellos y se multiplican rápidamente.

46. Lluvia de contaminación

El humo de las chimeneas de las fábricas y los gases del escape de los automóviles contienen una gran cantidad de óxido nítrico y dióxido de azufre que contaminan el aire. Una precipitación que contiene contaminantes se denomina lluvia ácida. Determina si esta es dañina para las algas.

Necesitas:

- tres frascos, vinagre, agua embotellada, agua abundante en algas, una taza medidora.

INSTRUCCIONES

1. Vierte agua que contenga gran cantidad de algas en los tres frascos.

2. Agrega 100 mL de vinagre al primer frasco.

3. Añade 50 mL de vinagre y 50 mL de agua embotellada al segundo frasco.

4. Vierte 100 mL de agua embotellada al tercer frasco.

5. Espera unos días y luego observa la apariencia del agua contenida en los frascos.

¿qué sucedió?

Las algas de los dos primeros frascos murieron y se descompusieron. El tercer frasco permaneció verde.

¿por qué?

Aparte de secar los bosques, las lluvias ácidas aumentan la acidez del agua, lo que provoca la muerte de las algas. Cada alga muerta se suma a la contaminación orgánica del agua.

47. Una tapa de aceite

Cuando los buques tanque transportan petróleo y durante el funcionamiento de las plataformas petroleras, puede filtrarse petróleo al agua. Observa lo que les sucede a las algas en estos casos.

Necesitas:

- dos frascos llenos de agua abundante en algas, aceite.

INSTRUCCIONES

1. Vierte agua abundante en algas en ambos frascos.

2. Vierte aceite en uno de los frascos.

3. Deja ambos frascos en un lugar soleado durante varios días.

¿qué sucedió?

El agua del recipiente que contiene aceite se tornó turbia.

¿por qué?

El aceite es menos denso que el agua y permanece sobre su superficie como una tapa que evita que las algas respiren. Por esta razón mueren y se descomponen muy rápidamente, lo que enturbia el agua del frasco.

48. En busca de aire fresco

Algunos hongos pueden asociarse con algas y formar organismos completamente nuevos: los líquenes. Puedes ver líquenes sobre las rocas o en la corteza de los árboles. Cuando hay gases venenosos en el aire, los líquenes mueren rápidamente porque acumulan toxinas en sus cuerpos.

Busca líquenes vivientes cerca de casa.

Necesitas:

- una cinta métrica, clavos de madera, cuerda, papel y lápiz.

INSTRUCCIONES

1. Elige varios lugares de la ciudad y sus alrededores (un parque, una fábrica, un bosque).

2. Encierra en cada lugar un terreno de 10 × 10 m con ayuda de los clavos y la cuerda.

3. Cuenta todos los líquenes que encuentres en cada terreno y toma nota de las cifras.

4. Compara la cantidad de líquenes que hay en cada lugar.

¿qué sucedió?

Hay muchos líquenes en el parque y el bosque, y pocos o ninguno junto a la fábrica.

¿por qué?

No hay líquenes en los lugares contaminados, o bien son escasos. Los líquenes abundan en los lugares con aire limpio.

49. ¿Qué explorarán los arqueólogos?

Las bacterias no pueden descomponer los residuos de plástico, poliestireno, goma y otros materiales hechos por el hombre. A tales residuos se les conoce como no biodegradables. Observa esto por ti mismo.

Necesitas:

- cinco vasos de plástico grandes, lechuga, el corazón de una manzana, un trozo de carne pequeño, un trozo de poliestireno, una bolsa de plástico arrugada.

INSTRUCCIONES

1. Llena los cinco vasos de plástico con tierra previamente desmenuzada y tamizada.

2. Entierra una muestra (la lechuga, el corazón de la manzana, el trozo de carne, el poliestireno y la bolsa de plástico arrugada) en cada vaso a una profundidad de aproximadamente 5 cm.

3. Cubre los agujeros con más tierra y marca cada vaso con la muestra que contiene.

4. Saca después de un mes la tierra de los vasos y observa lo que les ocurrió a las muestras.

¿qué sucedió?

El corazón de la manzana, la lechuga y el trozo de carne desaparecieron, pero el poliestireno y la bolsa de plástico siguen allí.

¿por qué?

Las bacterias de la tierra descomponen los desechos que son biodegradables. Los desechos de las plantas y los animales pasarán a formar parte de la tierra, y servirán de alimento para otros organismos. El plástico y el poliestireno son de difícil descomposición, tardan cientos de años en descomponerse. En este proceso, las sustancias tóxicas que contienen van al suelo y lo contaminan.

50. La mejor opción

Un suelo abundante en nutrientes es fértil y adecuado para el crecimiento de las plantas. Estas solo pueden aprovechar los nutrientes después de que las bacterias han descompuesto las sustancias en moléculas más pequeñas. Por esa razón el suelo fértil contiene muchas bacterias.

Antes de sembrar una planta, elige el suelo en el que crecerá mejor. Pon a prueba diferentes muestras de suelo y el efecto de la contaminación química en la cantidad de microorganismos que contienen, para evaluar su fertilidad.

Necesitas:

- seis agares nutritivos para bacterias, muestras de tres tipos de suelo diferentes (por ejemplo, humus, tierra roja y suelo arenoso), un embudo recubierto con papel de filtro, detergente, agua, hisopos.

INSTRUCCIONES

1. Disuelve las muestras de diferentes tipos de suelo en una pequeña cantidad de agua y pásalas a través del embudo recubierto con papel de filtro. Así se obtienen los extractos de suelo.

2. Pon unas gotas de un extracto en el primer agar. Distribúyelas con un hisopo y marca el recipiente.

3. Repite el procedimiento en los otros dos agares con los dos extractos restantes.

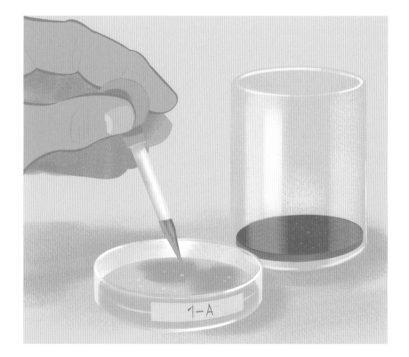

4. Añade un poco de detergente a todos los extractos restantes, luego frótalos sobre los tres agares libres y marca cada recipiente con el extracto que contiene.

5. Deja todos los agares a temperatura ambiente durante unos días.

6. Observa lo que les ocurrió a los agares e intenta identificar los cambios.

Humus

Tierra roja

Suelo arenoso

Humus con detergente

Tierra roja con detergente

Suelo arenoso con detergente

¿qué sucedió?

Crecieron varias colonias en distintos agares, y la mayor cantidad se encuentra en la muestra de humus. Los agares sobre los que se frotaron los extractos de tierra mezclados con detergente no contienen bacterias.

¿por qué?

El detergente mata las bacterias del suelo y por eso no crecieron colonias en los agares. El humus es el suelo más fértil porque es rico en alimentos (materia orgánica) y, como resultado, muchas bacterias lo descomponen. De ese modo se forman moléculas pequeñas que les sirven de alimento a las plantas. Ese es el suelo en el que tus plantas crecerán mejor.

Un aroma maravilloso recorre todo el edificio. En un laboratorio pequeño, entre muchas botellas y platos de Petri, junto a las pipetas y los tubos de ensayo, está sentada en un taburete una científica que vigila la extracción del aceite esencial de la ajedrea. Esa científica es Tanja. Ella estudia el efecto de los aceites esenciales en los agentes causantes de enfermedades. Así se obtienen antibióticos naturales nuevos que pueden ayudar a preservar la salud.

Tanja es bióloga molecular y adora estudiar los aspectos más pequeños de la naturaleza. Para convertirse en microbióloga, se graduó por la Universidad de Belgrado y posteriormente terminó su doctorado en Novi Sad. Ahora enseña microbiología y por eso recibió el apodo de "MicroTanja".

Hoy es un día especial para Tanja. Todos sus alumnos vendrán a su laboratorio: tanto los pequeños del colegio "Mi pequeño científico", como los grandes a los que les enseña en la universidad. Ayuda a Tanja a preparar un delicioso bocadillo.

Medialunas

Prepara la masa para las medialunas siguiendo la receta. Puedes usar la masa para hacer medialunas dulces y saladas. Rellena las saladas con queso y las dulces con mermelada.

Necesitas:
- 1/2 kg de harina, un paquete de levadura seca, dos huevos, 200 mL de leche, una cucharadita de azúcar, una cucharadita de sal, queso y mermelada para el relleno.

INSTRUCCIONES

1. Mezcla la mitad de la harina con la levadura, el azúcar, la sal y la leche.

2. Amasa y añade gradualmente la harina restante, hasta que la masa ya no se pegue a tus manos.

3. Haz bolitas de masa.

4. Estira cada bolita, rellénala, enróllala y dale forma de medialuna.

5. Pon las medialunas en una bandeja para hornear y déjalas reposar por 20 minutos.

6. Hornea las medialunas durante media hora a 180 °C.

¿Qué notaste?

Las medialunas crecieron incluso antes de hornearlas. Esto fue gracias a la levadura que pusiste en la masa. Al descomponer el azúcar, las levaduras dan paso a la fermentación alcohólica, es decir, producen dióxido de carbono y alcohol. El dióxido de carbono forma burbujas y la masa crece.

Cada vez que comas medialunas, recuerda que hay algo que aprendiste en este libro que explica su razón de ser. La masa creció y se hizo suave gracias a la levadura; el queso fue elaborado a partir de leche con ayuda de ciertas bacterias; y la mermelada conservó la frescura de la fruta gracias a la pasteurización.

Por lo tanto, cuando bebas tu té de ajedrea, recuerda las investigaciones que hiciste con Tanja. Al realizar todos esos experimentos, descubriste muchos secretos y conociste el maravilloso mundo invisible de los microorganismos.

contenido